物理学家的足迹

青少年读本

李朝明 李宜励 编

文心出版社
·郑州·

图书在版编目(CIP)数据

物理学家的足迹 / 李朝明,李宜励编. — 郑州：文心出版社,2024.7
ISBN 978-7-5510-3011-3

Ⅰ.K816.11-49

中国国家版本馆 CIP 数据核字第 2024AQ5328 号

出　　版	文心出版社
地　　址	河南自贸试验区郑州片区(郑东)祥盛街27号
邮　　编	450016
发　　行	新华书店
印　　刷	郑州印之星印务有限公司
开　　本	787毫米×1092毫米　1/32
印　　张	11
字　　数	150千字
版　　次	2024年7月第1版
印　　次	2024年7月第1次印刷
书　　号	ISBN 978-7-5510-3011-3
定　　价	39.80元

如发现印、装质量问题，请与印刷厂联系。联系电话:0371-86180081

序

科学思维并不止于自然学科

李学武

李朝明先生嘱我为《物理学家的足迹》一书作序,主要看中了我貌似与物理全然无关的专业背景。我所接受的高等教育学科依次为:中国语言文学(本科)——戏剧影视学(硕士)——中国语言文学(博士)。目前我的本职身份为某高校艺术学院戏剧影视学教授,兼职身份为儿童小说作家。如果这本书能把我吸引,那就意味着也能吸引不想做物理学家的青少年。

其实,在初中时代,我的职业理想一直在科学家和小说家之间徘徊。那时我痴迷于阅读《中学生数理化》杂志,拿废灯泡自制烧瓶,用酒精灯做蒸馏实验,在草丛中捉绿色蜘蛛，追问生物老师它的门纲目和科属种（现在知道那是蟹蛛科的嫩叶蛛），但同时也用极丑的字迹在300字的方格稿纸上写小说。我的高中时代，尚有严格的文理分科机制，1988年，我在数理化成绩超过史地的前提下，选择了文科，从此再也没有上过一堂物理课。

然而，我对人文社会科学的研究，乃至人生智慧的积累，都得益于我在中小学时期建立的科学思维方式。如果读者能从这本《物理学家的足迹》中得到启发，进一步建构起科学思维，必能获益终生。

那么，科学思维究竟包括哪些层面呢？

我先讲一个反面例子。小学时我极爱思考，有一天在上学路上，我忽然以极其严肃甚至斩钉截铁的语气对同学说：记住，两个物体同时下落，重的那个先落地。半学期后，我被打脸了。语文课上讲了一篇课文《两个铁球同时落地》。之前崇拜我的同学在课间高喊：你还给我说，重的先落地！我无地自容，随后却又沾沾自喜，觉得自己至少犯的是与亚里士多德同样的错误。但后来我又被逻辑学打了一次脸，因为"$-A=-B$"并不能证明"$A=B$"。也就是说，虽然我和亚里士多德犯的错误一致，但并不能推导出我和他同样伟大。

科学研究的正确方法是什么呢？这本书用一系列物

理学家的故事——包括伽利略为了推翻亚里士多德的观点而设计斜面实验、牛顿由苹果得到启发等告诉我们：科学家首先要通过观察事实和实验，才能通过推理得出定律。这些推理出来的定律还需要有进一步的证据来验证。

人文社科的思维方式也应当是科学的。它首先建立在对社会历史文化现象的观察上。读过大量故事的读者可能会发现，编故事是有"套路"的，比如民间故事中，主人公若帮助了某种动物，总会得到回报；英雄成长类的电影前半截往往是坏人打好人，后半截是好人打坏人……俄国文艺家普罗普在近一个世纪前分析了100多个民间故事，总结出故事的结构要素和组合规律。神话学家约瑟夫·坎贝尔搜寻了不同文化中的神话故事，发现了"英雄之旅"的一般模式，他的专著《千面英雄》支撑了卢卡斯导演《星球大战》系列的创作——这也是创意写作领域中"用进一步的实验来验证这些推理"的例证。

不过，我小学时那个狂妄的错误中，还是有一点可取的，那就是：我给自己提了一个问题，并且试图解决它。这是后来我在做科研时最看中的一种品质：问题意识。具有这种品质的人，会不断地在哪怕是平淡无奇的日常生活中发现问题。

我有位邻居，高二时就考上了山东大学物理系。那时我读初中，每每碰到，他总要出题考我。例如，当年没有空调，乘凉全靠风扇。如果我开最慢的一挡，他会调到最快的五挡，告诉我五挡和一挡的耗电量基本一致，再问我原理。又例如，如果面前有半杯100℃的沸水，半杯30℃的温水，室温30℃，要想喝到40℃左右的温水，方案一是将两杯水混合在一起，等待其自然降温至40℃；方案二是先将100℃沸水降温至50℃，再和温水混合，问我哪个方案更快。所幸当时我找到答案了。你有没有想到答案呢？如果没有，请阅读《"斜面实验"引出来"物理学"》和《一个中学教师的发现之路》两篇文章。

读这本书时，最好也带着"问题意识"。《"斜面实验"引出来"物理学"》一文中说，1609年，伽利略做"斜面实验"时，采取了如下计时方式：

"为了测量时间，我们把一只盛水的大容器置于高处，在容器底部焊上一根口径很细的管子，用小杯子收集每次下降时由细管流出的水，不管是全程还是全程的一部分，都可收集到。然后用极精密的天平称水的质量；这些水重之差和比值就给出时间之差和比值。"

读这一段文字时，你有没有思考过如下问题？

1. 为什么伽利略用这么复杂的方式计时？

2. 如果你在伽利略的时代，还能想到哪些计时方法？

3. 如果派一个人掌握水管开关，小球下落时打开，滚到终点时关上，这种方式受人的操作影响，误差很大。你可以设计方案，使水管开关与小球的落停同步吗？

科学研究时常有这样的现象：科学家们发现了问题，并提出一个假设，但是限于当时的技术条件，无法通过实验观察来验证。英国著名实验物理学家卢瑟福的故事中就有这样一例：1920年，他就设想过原子核内可能存在着一种质量与质子质量相同的不带电的中性粒子。但是直到1932年，这种粒子才由查德威克首先发现并命名为"中子"。查德威克因此获得了1935年度诺贝尔物理学奖。

但是，假设也有可能是错误的。那么，错误的假设还有必要做出吗？

聪明的读者很容易发现上面那句话中的悖论：不经验证，怎么能知道某个假设是不是错误的？英国物理学家麦克斯韦曾提出一个被世人戏称为"麦克斯韦妖"的设定，该"妖"能制造"永动机"。但是，这个"妖"存不存在呢？20世纪50年代，美国数学家、信息论的创始人克劳德·艾尔伍德·香农提出"信息熵"概念，并用于耗散结构，揭开了这个"妖"的谜底，说明了它不存在的原因。因此，一个假设，哪怕最后经验证是无法实现的，也有可能启发他人的思考，关键在于提出者的态度。书中讲了另外一个故事：卢瑟福曾提出原子的"行星式"模型，但其中存在一些问题，他无力解决。玻尔试图"拯救"这个原子模型，给出修改方案。卢瑟福并不满意，两人辩论一场。但是卢瑟福还是推荐玻尔的论文发表了。最终玻尔的学说不仅在学界引起了巨大的反响，而且在解释和预言许多物理现象方面显示了非凡的威力。

如何面对他人的反驳和自己的失败？从中你学到了吗？

丹麦物理学家奥斯特早在19世纪就提出：自然界各种现象是相互联系的。"我们的物理学将不再是关于运动、热、空气、光、电、磁以及我们所知道的任何其他现象的零散罗列，而是我们将把整个宇宙容纳在一个体系中"。

其实，人文社科和自然科学之间是有关联的，存在一个可以贯通的思维体系。因此，不想当物理学家的你，现在就拿起这本书吧，你的收获会远超自己的期待。

前　言

亲爱的同学，当你初次接触到物理时，也许会因为它能解释那么多的物理现象而深深地爱上这门学科，从而立志长大后一定要去与物理相关的领域深造；而当老师在向你传授物理学知识时，也许你又会因为它有些艰涩难懂而觉得物理学家太神秘，高不可攀。在你的心中是不是有这些想法？其实，物理学家并不神秘，当一名物理学家也不是可望而不可及的事情。只要你用心读完这本《物理学家的足迹》，你就会发现这一点。

在这本书中，我们选编了发生在古今中外的物理学家身上的故事。这些故事具有很强的趣味性，而且你读后可以从中受到很多启示，会被物理学家对科学的执着追求、为真理而献身的精神强烈地感染，会对他们的爱国精神、聪明才智、高尚的品质产生由衷的敬慕，会对某些物理学家在科学研究中出现的失误或因循守旧、裹足不前而感到遗憾……总之，我们选编的这些故事，力图揭开物理学家的那层神秘面纱，使你感觉到他们的故事就好像发生在我们的身边。

最后要告诉大家的是，相对于其他自然科学来说，物理学研究的内容是自然界最基本的现象和规律，它是支撑哲学、其他自然科学和应用技术的基础学科。物理学的每一次发展，毫无疑义都给世界带来了重大改变，并且由此而产生的新思想、新技术和新发明，不仅推动哲学和其他自然科学的发展，而且物理学本身还孕育出新的学科分支和技术门类。我国新高考方案发布后，物理学科在中学的学科教学地位得以凸显，也正是因应了物理学这一地位的特殊性。

衷心祝愿有志于步入物理学殿堂的同学早日成为物理学领域的栋梁之材，为中国式现代化建设做出自己的贡献！

目 录

新宇宙的壮歌 / 1

"斜面实验"引出来"物理学" / 18

我"看见"了,地球真的在自转! / 26

王冠之谜 / 32

用数学为天空"立法" / 38

走近牛顿 / 44

笔尖下的发现 / 55

批评是科学发现的催产剂 / 63

柴油机的发明往事 / 71

甘甜苦中来 / 76

真诚的友谊 / 82

人间的"普罗米修斯" / 88

一个中学教师的发现之路 / 93

"导线总有一天会'说话'！" / 99

发明大王 / 105

青年发明家的无畏表现 / 110

"开尔文勋爵"的来历 / 119

"电学中的牛顿" / 126

电和磁见面了 / 133

"力线"改变了世界 / 140

"写出这些符号的是上帝吗？" / 147

终于找到电磁波了 / 156

承上启下的物理学巨擘 / 164

被逼出来的"量子学说" / 170

原子世界的造访人 / 180

原子"放射性"的发现 / 189

巴耳末公式之"谜" / 199

"您真是骑在波峰上啊！" / 205

"拯救"原子模型的人 / 217

寻找原子核的"压舱石" / 226

带着"母亲"行走的物理学家 / 237

父子同获一个诺贝尔奖 / 244

沉默的"国宝" / 248

泡利和他的不相容原理 / 253

世纪科学伟人 / 263

天才也会有失误的时候 / 270

"我从未想及任何荣誉！" / 274

赤子之心 / 279

发现核裂变"三分裂"的人 / 290

学习的"秘诀" / 297

量子力学的兴起 / 305

上帝在掷骰子吗 / 327

参考文献 / 335

新宇宙的壮歌

正像新生的婴儿一样,科学的真理必将在斗争中不断发展,广泛传播,无往而不胜。

——[美]富兰克林

在历史上,科学界所说的新宇宙体系是指波兰天文学家尼古拉·哥白尼(Nicolaus Copernicus,1473—1543)提出的日心说,它是针对古希腊天文学家克罗狄斯·托勒密(Claudius Ptolemaeus,约90—168)的地心说来说的。新宇宙体系从提出到确立,历尽坎坷,发生了许许多多的感人故事。

（一）

日心说认为，太阳是宇宙的中心，地球以及其他行星围绕太阳运转，月亮围绕地球转。这一观点最初出现于《天体运行论》中。这部书是哥白尼耗费了毕生精力而完成的。但书稿从完成到出版却经历了约20年时间，什么缘故呢？说来话长，这得从当时的历史背景谈起。

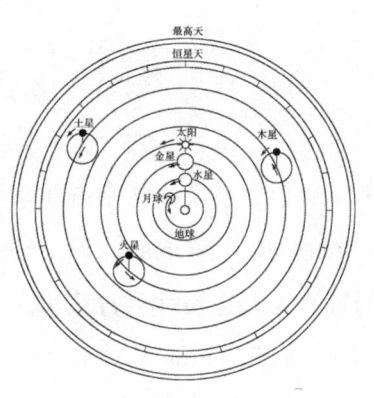

地心说的宇宙体系

大约在这之前的1300年，托勒密根据自己长期的、大量的天文观测资料，构造出宇宙结构的地心说——地球是宇宙的中心，所有的星体围绕着地球运动。他用偏心轮、本轮和均轮三种圆周运动以及它们的组合运动来解释星体出现的各种现象，并获得一定的成功。他的这一理论符合人们的直观经验，还符合天主教的教义——上帝创造了人，并把人放在宇宙的中心——地球上。宇宙中的一切，包括日、月、星辰，都是上帝专为人创造的。因此地心说得到了教会的大力支持。特别是到了中世纪，教会把它进一步神化，使它成了维护教会统治的重要理论支柱。

1473年出生于波兰北部托伦城一个商人家庭的哥白尼正处于这个黑暗时代。他从小就对天文学有着浓厚的兴趣，经常晚上坐在窗前，凝望繁星闪烁的夜空。

有一天，他的哥哥不解地问他："弟弟呀，你晚上常常守在窗边，望着天空发呆，你在表达对天主的尊敬？"

哥白尼

"不，哥哥，我是在观察天象，想探寻天上的奥秘。"哥白尼解释说。

"什么，你要管天上的事情？"哥哥提高声音说，"天上的事有神操心，凡人岂能干预！"

"为了让人们望着天空不感到害怕，我要一辈子研究它！"哥白尼举起左手，神情激奋地说，"我还要让星星和人交朋友，让它给海船校正航线，给水手指引航向。"

长大后，哥白尼为了进一步深造，来到了当时欧洲文艺复兴的中心意大利留学。在那里，他受到敢于向旧观念挑战的意大利学者诺瓦拉（Novara，1454—1504）的影响，开始对地心说产生怀疑。

本来，哥白尼在刚开始研究托勒密的地心说的时候，只是想在原来的基础上进行改进，使它更加完善。但经过对前人和自己的天文资料的深入分析后，他发现托勒密的理论虽然可以给出同观测资料相符的数据，但是却把天空图像描绘得乱七八糟，毫无统一性和规律性。哥白尼风趣地说："他们就像这种艺术家：要画一张人像，却从不同的模特儿身上临摹了手、脚、头和其他部位，然后不成比例地凑合在一起，尽管每个部位都画得极好，但结果很不协调，画出来的不是一个人，而是一个怪物……"他认识到，只改进托勒密体系的路子是行不通的，必须开辟新路，另创新学说。

为了创立新宇宙体系，哥白尼查阅了许多文献，

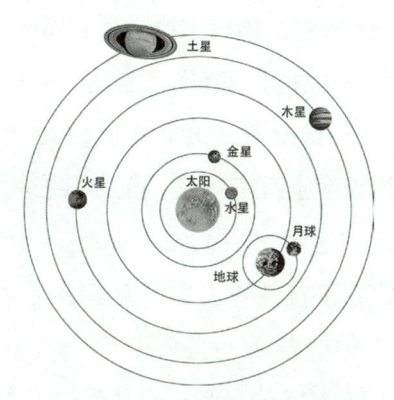

日心说的宇宙体系

进行了30多年艰苦的天文观测和研究，直到1530年才圆满地完成了日心说。

然而，日心说中的"太阳是宇宙的中心，地球围绕着太阳转动"的观点显然违背了天主教的思想，哥白尼深知发展日心说必定会遭到教会的制裁，所以迟

迟不敢发表他的这一研究成果。到1539年春天,哥白尼已是重病缠身了。为了不让这一巨著被埋没,德国青年学者雷迪卡斯(Rheticus,1514—1576)及哥白尼的一些朋友极力劝说哥白尼,哥白尼最后总算同意发表。

为了顺利出版此书,雷迪卡斯想到了一个好办法,他请一位神学家匿名给该书撰写了一篇前言,宣称"这部书不可能是一种科学事实,而是一种富于戏剧性的幻想"。在这种情况下,该书才于1543年3月以《天体运行论》为名被批准出版,全书共有六大卷。当刚刚印好的样书送到哥白尼的手中时,他已奄奄一息。他用冰冷的双手抚摸着书本,说了一句"我总算在临终时推动了地球",便与世长辞了。

《天体运行论》出版后,果然受到了神学界声势浩大的攻击,他们骂哥白尼是疯子、傻瓜。他们恨不得哥白尼还没死,那样就可以把他抓来治罪。为了维护宗教教会的黑暗统治,他们蛮横地宣布《天体运行论》为异端学说,把它列为禁书,并残酷迫害传播和支持这一学说的人。

哥白尼日心说的提出，是自然科学向神学的第一次严正挑战。统治了1000多年的地心说受到了猛烈冲击，标志着自然科学开始从神学中解放出来。为了继承、发展这一学说，不少科学家进行了大量的研究工作，同时也与教会进行了不屈不挠的斗争。

现在，随着现代科学技术的日新月异，我们已经知道了宇宙根本不存在什么"中心"。

（二）

在罗马的鲜花广场上，有一座纪念碑，它是为了纪念为坚持真理而同罗马教皇进行殊死斗争的意大利著名天文学家、哲学家乔尔丹诺·布鲁诺（Giordano Bruno，1548—1600）而树立的。

1548年，布鲁诺

布鲁诺

出生在意大利那不勒斯市诺拉镇。他性格倔强，善于独立思考，不畏权威，敢于发表自己独特的见解。他写过一篇题为《诺亚方舟》的文章，不但猛烈地抨击了固守《圣经》教条的学者们，而且无情地讥讽了罗马教廷和古代权威亚里士多德（Aristotle，公元前384—前322）。他的这些言行冒犯了教廷，因此遭到了宗教卫士们的围攻，罗马教廷还公开宣布他是"异端分子"。布鲁诺不得不离开意大利，流亡到瑞士、法国、德国等国家。在巴黎，他读了哥白尼的《天体运行论》后，更坚定了为科学真理而斗争的决心。他走遍欧洲，到处发表演说，热情支持这一新学说，从而成了哥白尼日心说勇敢而彻底的继承者和捍卫者。

与此同时，灾难也悄悄地降临到了他头上。由于布鲁诺赞成哥白尼的观点，因此很快就成了罗马教廷的眼中钉。罗马的主教们对他恨得牙根发痒，四处派暗探跟踪他，并通知各地教会可随时逮捕他。但布鲁诺并不畏缩，而是更加坚定了自己的信念。他继续到处演讲。1592年的一天，布鲁诺应朋友之约到威尼斯讲学，但他万万没有想到他的朋友早已被教会收买，已经出卖了他。就这样，布鲁诺被诱捕了，并马上被送到了罗马。

在罗马宗教法庭上，红衣大主教罗伯特·贝拉赫曼主持了对布鲁诺的审判。在空荡、阴森的法庭里，只有一张长桌子，几支残烛，罗伯特和几个陪审躲在桌后，他们的身影几乎看不清，烛光中几只蓝绿色的眼睛就像恶狼一般，得意洋洋地看着自己的猎物。

"布鲁诺，你还坚持地球在动吗？"罗伯特阴沉地问。

"在动，地球在动！它不过是绕着太阳的一颗石子。"布鲁诺坚定地说。

"你要知道，如果你还抱着哥白尼的观点不放，等待你的将是火刑！"

"我知道，我已置生死于度外，我还是说宇宙无边无际，根本就没有任何中心可言。宇宙是无限的，上帝是管不了它的！"布鲁诺毫不屈服。

面对坚强不屈的布鲁诺，大主教束手无策，最终采取了最能摧毁人意志的肉体折磨，企图使布鲁诺向他们低头，借他的口去推翻日心说。他们把布鲁诺关进黑暗的牢房里，不给他书、笔和纸，让他睡冰冷的石板，吃混有鼠屎的霉米，隔几天还要提出来审讯一次。可每次审讯，布鲁诺都凭着锋利的言辞、精深的哲理，把"上帝的奴仆们"驳得哑口无言。气急败坏的罗伯特对布鲁诺说："如果你还不放弃日心说，等待你的将是火刑！如果你公开表示认罪和忏悔，不但可以免除对你的刑罚，还可以在罗马教廷中给你安排一个令人羡慕的高位。"布鲁诺嗤之以鼻，大声呼喊："收起你这一套吧！我根本没罪，无须忏悔。宇宙无穷无尽，地球绕着太阳转，这是任何人都改变不了的事实。我告诉你，从被你们抓来的那天起，我就时刻准备着受

布鲁诺被烧死在罗马鲜花广场

刑。我知道教廷的黑暗，使许多人不敢去探索宇宙的奥秘，我要用我的生命去激起他们的热情，鼓起他们的勇气！"

布鲁诺软硬不吃，使主教们心惊胆战，罗伯特终于凶相毕露。1600年2月17日凌晨，寒风呼啸，一片寂静，人们都进入了梦乡。就在这时，布鲁诺被押向了鲜花广场。原来教廷害怕布鲁诺死前会当众演说，所以决定半夜秘密处死他，这样还不放心，他们怕布鲁诺喊口号，又夹住了他的舌头。烈火燃烧起来了，这时的罗伯特得意洋洋，心想此后不会有人再与他作对了。然而烈火烧掉的只是人的躯体，真理是烧不掉的。随着科学的不断发展，到了1889年，世俗政府为布鲁诺平反并恢复了名誉。

（三）

布鲁诺虽然死了，但科学家们宣传日心说，同罗马教廷进行的斗争并没有停止，反而更加激烈，更加有力。其中最有代表性的人物是意大利著名的物理学家和天文学家伽利略（Galileo，1564—1642）。

伽利略于1564年2月15日诞生于意大利比萨城的一个没落的贵族家庭。他从小勤学好动，领悟力强，才学惊人。他的父亲本希望他成为一位收入丰厚、受人尊敬的医生，因此伽利略17岁时被送入了比萨大学学医，可他对医学并无多大兴趣，他的兴趣在数学和物理学方面。他常动手制作仪器，进行物理实验和研究。但这些实验研究却被一些顽固守旧的教授认为是越轨行为，因此他大学未毕业，就被迫退学回家。回家后，伽利略刻苦自学，继续致力于物理学研究，取得了许多成果。

伽利略

1608年，荷兰一个眼镜制造商无意中发现，通过近视镜、老花镜两块镜片，可以使物体放大。第二年，伽利略听到这个消息后，立即想到可以利用这个原理制造望远镜用于天文观测。他用一块平凸透镜和一块平凹透镜制成了望远镜。后来经过进一步改进，他把望远镜的放大倍数提高了不少，可以用来观察天空。

通过望远镜，伽利略发现，月亮表面和地球表面一样是粗糙不平的，既有山地，也有盆地；木星有四个卫星；太阳上有黑子。望远镜指向天空任何位置，都可以看到星体。他还观察到金星的周期性变化，表明它是围绕太阳运转的。伽利略根据这些观察结果总结出版了《星空使者》和《关于太阳黑子通信集》，宣告他观察的现象。

伽利略的这些发现表明，地球并不是所有天体运动的中心。他甚至认为地球也在绕太阳运动。对于这一点，有人马上提出反对，认为倘若地球运动就会把地面上的物体抛到地球的后面。伽利略对此进行了反驳。他指出：

"把你和一些朋友关在一条大船甲板下的主舱里，再让你们带几只苍蝇、蝴蝶和其他小飞虫，舱内放一只大水碗，其中放几条鱼。然后，挂上一个水瓶，让水一滴一滴地滴到下面的宽口罐里。船停着不动时，你留神观察，小虫都以等速向舱内各方向飞行，鱼向各个方向随便游动，水滴滴进下面的罐子中，你把任何东西扔给你的朋友时，只要距离相等，向这一方向不必比另一方向用更多的力；你双脚齐跳，无论向哪个方向跳过的距离都相等。当你仔细地观察这些事情后（虽然当船停止时，事情无疑一定是这样发生的）再使船以任何速度前进，只要运动是匀速的，也不忽左忽右地摆动，你将发现，所有上述现象丝毫没有变化，你也无法从其中任何一个现象来确定船是在运动还是停着不动。即使船运动得很快，在跳跃时，你将和以前一样，在船底板上跳过相同的距离，你跳向船尾也不会比跳向船头来得远。虽然你跳到空中时，脚下的船底板向着你跳的相反方向移动。你把不论什么东西扔给你的同伴时，不论你是在船头还是在船尾，只要你自己站在对面，你也不需要用更多的力。水滴将像先前一样，滴进下面的罐子，一滴也不会滴向船尾，虽然水滴在空中时，船已行驶了很长一段距离。鱼在水中游向水碗前部所用的力，不比游向后部来得大；它们一样悠闲地游向放在水碗边缘任何地方的食饵。最后，蝴蝶和苍蝇将继续随便地到处飞行，它们也绝不会向船尾集中,并不因为它们可能长时间留在空中,脱离了船的运动,为赶上船的运动显出累的样子……"

伽利略的这段话表明,在船里所做的任何观察和实验都不可能判断船究竟是在运动还是静止。同理,在地球上随同地球一起运动的人,是无法判断出地球是静止的还是在运动的。显然,伽利略的观察结果对哥白尼的日心说是一个重要的支持和捍卫,而跟宗教神学的观点发生了冲突。因此,教士们大发雷霆,蛮不讲理地认为,伽利略的实验研究和推理是不正确的,因为它和《圣经》上说的相矛盾。罗马教廷还向伽利略发出了告诫,威胁说如果他继续宣传哥白尼的日心学说,将会受到终身监禁。

伽利略虽然遭到教廷的警告和迫害,但他并没有妥协。1632年,他以对话形式出版了《关于托勒密和哥白尼两大世界体系的对话》,这本书在读者中广泛流传开来,再一次点燃了尊重科学、冲击宗教的火焰,同时也更加触怒了教皇。于是,教廷下令没收这本书,逮捕伽利略。这样,年迈体弱的伽利略身戴锁链,被带到了罗马。从1633年2月开始,教皇对伽利略进行

宗教法庭审判伽利略

了长达3个月的审讯,可顽强的伽利略拒不认罪。无奈的教皇使出了凶狠的手段,对伽利略进行了严刑拷打,生命垂危的伽利略被迫在事先由法庭写好的"认罪书"上签了字,最后法庭判处伽利略终身监禁。即使这样,伽利略仍喃喃地说:"无论如何,地球确实在运动啊!"

残酷的迫害使伽利略身患多种疾病,双眼也失明了。1642年1月8日,伽利略在满目凄凉和贫病交加中含冤死去。一位科学巨星就这样在惨无人道的宗教迫害下倒下了。

然而,科学毕竟是科学,真理最终是要战胜强权的。经过德国天文学家、数学家约翰尼斯·开普勒（Johannes Kepler，1571—1630）等众多天文学家的苦心观察和研究，地心说终于被推翻了，哥白尼的日心说得到了确立，并日渐完善和发展。罗马教廷也不得不在1757年宣布解除对哥白尼《天体运行论》的禁令，1882年又无可奈何地承认了日心说。1992年罗马教廷正式承认，当年对伽利略的审判是错误的，蒙冤达359年之久的伽利略终于得到了彻底平反。

伽利略开启了用实验和观察的方法研究物理学的先河，被誉为"近代物理学之父"。

"斜面实验"引出来"物理学"

勇敢地挑战权威，才能超越现有的局限。

——［美］爱因斯坦

说起伽利略，学物理的人都会想到他那著名的"斜面实验"。

在物理学的发展史上，古希腊学者亚里士多德虽然创造了"物理学"一词，并以它作为书名写了《物理学》这本书。然而，这本书用"闭门思过"式的猜测和归纳方法去导出结论，里面充斥着大量错误的知识；尤其是在两个重大物理问题上的错误论断——重的物体比轻的物体下落得快、物体的运动需要力来维持，一直阻碍着力学的发展，严重禁锢着人们的思想。

首先我们来看第一个问题。其实，在伽利略之前的1586年，荷兰科学家斯特芬（Stevin，1548—1620）在他出版的著作中，就记录了一个实验来否定重物比轻物坠落得快。斯特芬在书中这样写道：

"让我们拿两个铅球，其中一个比另一个重10倍，把它们从30英尺的高度同时丢下来，落在一块木板或者某种可以发出清晰响声的东西上面。那么，我们会看出轻铅球并不需要比重铅球10倍的时间，而是同时落到木板或某种可以发出清晰响声的东西上，因此，它们发出的声音听上去就像是一个声音一样。"

伽利略有没有在登上比萨斜塔当众演示实验前看到这个记载呢？现在的历史考证否定了这一说法。然而，伽利略巧用亚里士多德的演绎推理法反证亚里士多德的观点是错误的，却是原原本本地记录在他撰写的《关于两门新科学的对话》中：

"萨尔维阿蒂（伽利略的化身）：如果我们取两个自然速率不同的物体，把两者连在一起，快者将被慢者拖慢，慢者将被快者拖快。您同意我的看法吗？

辛普利邱（亚里士多德学派哲学家的化身）：毫无

疑问，您是对的。

萨尔维阿蒂：但是，假如这是真的，并且假如大石头以 8 的速率运动，而小石头以 4 的速率运动，两块石头连在一起时，系统将以小于 8 的速率运动。但是，两块石头拴在一起变得比原先速率为 8 的石头更重，所以，更重的物体反而比更轻的物体运动慢，这个效果与您的设想相反。

《关于两门新科学的对话》原版封面

伽利略的论证虽然极为成功，但这个论证并没有告诉人们物体是怎样下落的。由于自由下落的物体落得太快，在当时的条件下，物体自由下落的距离和对应的时间根本无法进行测量。怎么办？聪明的伽利略想到了采用斜面上滚动小球的运动方式以"冲淡重力"：小球在斜面上滚动，沿斜面所受的力只是重力的一个分力，这就相当于冲淡了重力，难以测量的速度、时间等物理量变得容易测量了。大约在1609年，伽利略为"冲淡重力"设计了著名的斜面实验。以下是他在《关于两门新科学的对话》中对这个实验的记载：

"取长约12库比（1库比=45.7厘米）、宽约半库比、厚约三指的木板，在边缘上刻一条一指多宽的槽，槽非常平直，经过打磨，在直槽上贴羊皮纸，尽可能使之平滑，然后让一个非常圆的、硬的光滑黄铜球沿槽滚下，我们将木板的一头抬高一、二库比，使之略呈倾斜，再让铜球滚下，用下述方法记录滚下所需的时间。我们不止一次重复这一实验，使两次观测的时间相差不致超过脉搏的十分之一。在完成这一步骤并确证其可靠性之后，就让铜球滚下全程的四分之一，并测出下降时间，我们发现它刚好是滚下全程所需时间的一半。接着我们对其他距离进行实验，用滚下全程所用时间同滚下一半距离、三分之二距离、四分之三距离或任何部分距离所用时间进行比较。这样的实验重复了整整 100 次，我们发现，经过的空间距离恒与所用时间的平方成正比例。这对于平面的各种斜度都成立。我们也观测到，对于不同的斜度和下降的时间，两者间的关系正如预计并证明过的比例一样。"

"为了测量时间，我们把一只盛水的大容器置于高处，在容器底部焊上一根口径很细的管子，用小杯子收集每次下降时由细管流出的水，不管是全程还是全程的一部分，都可收集到。然后用极精密的天平称水

伽利略演示斜面实验

的质量；这些水重之差和比值就给出时间之差和比值。精确度如此之高，以至于重复许多遍，结果都没有明显的差别。"

伽利略运用归纳法，得出了斜面上小球的滚动是初速度为零的匀加速运动的规律。有了这一规律，他对自由落体运动就了然于胸了。在他设计的斜面实验中，斜面的倾角是可以调节的。当倾角达到90°极限时，小球沿斜面的运动就变成了自由下落，自由下落的物体运动作为沿斜面运动的特例，同样也是一种匀加速运动。由于匀加速运动物体的速度仅仅与时间成简单的正比关系，因此，物体无论轻重，都将以相同的速度下落。这就是伽利略在用归纳法得出结果后，经过演绎推理导出的自由落体定律。

对于第二个问题"物体的运动需要力来维持"的解决，伽利略同样借助斜面实验。他从研究摆的运动中发现，摆沿着一个弧降落时所得到的每一个动量等于能促进同一个运动物体通过同样的弧上升所需的动量。也就是说，摆从同一高度落下，向另一侧摆动时，总会上升到与原来相同高度的平面；回摆时也一样。

他把摆的这种性质引到斜面，用两个斜面搭建了一个底端相连的斜面模型。沿一个光滑斜面滚下的小球，基本上会沿另一个斜面滚上同样的高度。如果减小第二个斜面的倾斜度，则小球虽然实际路程会变长，但基本上都会滚到与原来同样的高度。随着第二个斜面的倾斜度不断减小，小球在第二个斜面滚过的路程将越来越长。伽利略由此推论：当这个斜面放在水平位置并无限延伸时，小球将永远不会达到原来的高度，它将以在斜面底端时的速度一直沿平面无止尽地运动下去。伽利略甚至还想象，假如地球是一个光滑的球体，沿地面抛出一个小球，小球将永不停息地绕地球运转！他在《关于两门新科学的对话》中这样写道："当一个物体在水平面上运动，没有碰到任何阻碍时，……它的运动就将是匀速的并将无限地继续进行下去，假若平面是在空间中无限延伸的话。"

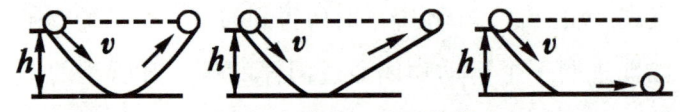

伽利略对接斜面的理想实验

在这里，伽利略通过科学抽象的理想实验，将"物体的运动需要力来维持"的错误观点予以彻底摒弃，并由此发现了我们今天熟知的惯性定律，指出物体运动变化的原因是因为受力。

伽利略对自由落体定律和惯性定律的建立，彻底摧毁了亚里士多德物理学的桎梏，他把力学中关于运动学和动力学的研究终于引上了正确的道路，为经典力学奠定了实验和理论基础。他的研究和思维方法为世人所推崇。他的《关于托勒密和哥白尼两大世界体系的对话》和《关于两门新科学的对话》成为近代物理学的开篇巨著。在他去世300多年后，世界著名的美国物理学家阿尔伯特·爱因斯坦（Albert Einstein, 1879—1955）评价道："伽利略的发现以及他所用的科学推理方法，是人类思想史上最伟大的成就之一，而且标志着物理学的真正开端。"

见此图标
微信扫码

发现万"物"之律
追寻真"理"之光

我"看见"了，
地球真的在自转！

用理性超越经验。

——［德］康德

从容出游的小鱼，天天都生活在水中，却感受不到水的存在。坐井观天的青蛙，也没觉得这一方天空有什么奇怪。即使人类已经在地球上生活了千百万年，人们也并未感觉到地球在自转。

但好在我们人类具有理性，借助理性，我们能够通过逻辑推理、数据分析、实验证明等客观方式得出较为准确可信的结论。这也是科学发展的动力。

哥白尼根据日心说和昼夜交替现象推断出了地球在自转，但他并未给出直观的证明。许多人依旧不相信脚下的地球在一刻不停地转动。1851年，法国物理学家莱昂·傅科（J. Foucault，1819—1868）用一个极其简单但又巧妙绝伦的实验让所有人亲眼看到了地球自转。

1819年，傅科出生于巴黎，他早年学习外科学和显微镜学，似乎本该成为一名救死扶伤的医生。但随着年龄的增长，他显露出对数学和物理学浓厚的兴趣，并逐渐转向研究物理学。

1851年，傅科在法国先贤祠的穹顶上悬挂了一条67米长的绳索，绳索下方系了一个28千克的摆锤，摆锤的底部连接着指针，刚好能在下方的沙盘上画出轨迹。

人们逐渐被这个奇怪的装置吸引过来。

傅科

傅科拉起沉重的摆锤，并把它系到一旁的柱子上。

为了避免手在释放摆锤时带来干扰,傅科用蜡烛烧断系线。巨大的单摆缓缓摆动了起来,每当摆锤经过沙盘的时候,摆锤底部的指针会在沙盘上画出轨迹。

"女士们,先生们,我将用摆锤证明我们脚下的地球在自转。"傅科说道。

人群开始窃窃私语。狐疑的表情和偶尔的轻笑表示他们并不相信。人们凭借直觉认为,不管这个摆锤晃悠多久,也只会在沙盘上画出一条轨迹,什么也证明不了。

慢慢有人离开了,他们对这缓慢单调的摆动失去

傅科摆

了兴趣。

不管有没有人关注，这个巨大的摆锤依旧按照物理规律缓缓摆动。傅科也站在摆锤旁静静地看着人们，仿佛和单摆融为了一体。

过了一会儿，突然有人喊出了声。"咦？沙盘上有图形！"

人们重新聚拢过来，发现沙盘上已经画出了一个复杂的花瓣图形。再仔细观察，每次摆锤经过沙盘，它画出的痕迹还在一点一点地呈顺时针偏转。

"这是怎么回事？"

"有东西让摆锤偏移了！"

"一定是撒旦干的，我的上帝啊！"人们疑惑道。

一旁沉默的傅科终于说话了，"朋友们，很高兴你们注意到了沙盘的变化，确实有某种力量影响了摆锤，但它不是撒旦，而是我们脚下正在自转的地球。"

"这个摆动的大铁块怎么证明地球在自转？"有人问道。

傅科说："要弄清楚这个问题，请允许我讲一个故事。塞纳河中的一条鱼顺流而下，我们在岸上看到鱼欢快地游向了远方，而鱼却看到我们在岸上一直后退。我们每天看太阳东升西落，仿佛太阳在围绕地球转动，因为我们是以地球的视角在看太阳。如果我们能固定一个参照物来看地球，我们会发现地球在自转。"傅科继续补充："这个巨大的摆锤质量大，给它以水平方向的初速度使它摆动起来，虽然摆动缓慢，但我们可以发现摆动所在的平面在不停地旋转。摆平面的旋转并不是因为摆锤在自转，而是因为地球在自转，摆平面的转动方向与地球自转方向相反。"

大家目瞪口呆，傅科的解释震惊了他们，望着面

傅科摆画出的轨迹

前沙盘上的花瓣，他们仿佛真的看到了地球在自转。

傅科指着沙盘接着说道："我们的眼睛能看见许多东西，能看到太阳东升西落，能看到昼夜更迭。眼睛看不见的东西更多，但理性能够帮我们突破感官和经验，拓展认知。你看，我们稍稍运用理性就发现了地球自转的秘密，地球用一片花瓣回应了我们。"

傅科的话对我们青少年学习物理是非常有启示意义的。学习物理，不但要善于观察和实验，还要善于思考，善于运用学习的知识来得到新的发现。地球的自转对我们生活在地球上的人来说是感觉不到的，但我们可以通过其他的途径去证明地球自转确实是存在的。傅科的单摆实验就是其中一个最好的证明。除此之外，如地球不同纬度上的物体质量不同，从高空自由下落的物体也并非严格沿铅垂线下落，而是向东偏离。这些现象都是因为地球的自转产生的，从而证明地球的自转是存在的。

（此篇由张智弼撰写）

王冠之谜

> 科学的灵感,决不是坐待可以等来的。如果说,科学上的发展有什么偶然的机遇的话,那么这种"偶然的机遇"只能给那些学有素养的人,给那些善于独立思考的人,给那些具有锲而不舍的精神的人,而不会给懒汉。
>
> ——华罗庚

公元前 3 世纪,在地中海的西西里岛上,一个名叫亥厄洛的人在城邦小国叙拉古称王后,为了炫耀自己的尊贵,他特地交给金匠一块纯金,命令金匠为他制作一顶纯金王冠。到了规定日期,金匠果然送来了一顶非常精巧、华丽的王冠,令在场的大臣们赞叹不已，亥厄洛国王更是得意洋洋。交付时，金匠当着国王和大臣们的面用秤称了称，王冠的质量跟原来交给他的黄金质量相等，分毫不差。于是国王重赏了这位金匠。

可是过了不久，有人告诉国王，说金匠在制作王冠时掺了银。国王一听大怒，他觉得自己受了愚弄。那怎样才能揭露金匠的可恶行为呢？他召来了知识渊博、足智多谋的阿基米德（Archimedes，公元前287—前212，古希腊著名学者），要求他在规定的期限内找出一个两全其美的办法来。

阿基米德诞生于地中海西西里岛的叙拉古城，父亲是古希腊天文学家和数学家，从小受其父影响，偏爱数学。阿基米德11岁时到当时著名的文化中心——尼罗河畔的亚历山大城

阿基米德

学习，在这期间，他发明了有名的阿基米德螺旋（螺旋扬水器），解决了灌溉难题。回到叙拉古后，他继续致力于数学和物理学的研究，并取得了辉煌的成就。他在物理学中的主要贡献是在静力学和流体静力学方面。

面对国王交给的任务，阿基米德冥思苦想了好几天，仍然想不出什么办法来，眼看规定的期限就要到来，他心里十分着急。有一天，他实在很累了，便到澡房去洗澡。由于澡盆里的水太满，他一进澡盆，水就往外溢，同时感觉到有一种向上的力在托他，善于观察和思考的阿基米德对此十分惊奇。于是，他重复

1547年书中插图，记述了阿基米德测定王冠含金量从而发现浮力定律的故事

多次，可每次都是如此，而且身体进入水中的部分越多，溢出的水也越多。顿时，阿基米德眼睛一亮，立即联想到王冠如果掺了银，必然会比同样质量的金体积大，放入水中所排开的水也就比纯金的多。"找到了！找到办法了！"他欣喜若狂，立即跳出澡盆，衣服都顾不上穿，高喊着跑过人流熙攘的大街，直向王宫奔去。

到达王宫后，阿基米德马上找来一盆水，并取来王冠和相等质量的纯金块。阿基米德小心翼翼地把王冠和纯金块先后放入盛满水的盆中，发现两次溢出的水不一样，放入王冠时溢出的水比放入纯金块时溢出的水要多，这时，阿基米德郑重地对国王说："王冠中有假！"国王听了十分愤怒，立即派人把金匠抓来问罪，尽管金匠一再否认，但在铁的事实面前他不得不认了罪。

王冠之谜终于解开了，作为一名科学家，阿基米德沉浸在成功的喜悦之中。当然，他也深知在这具体的实践中肯定隐藏着自然科学规律，他决心要发现这一规律。于是，他马上集中精力用各种物体进行实验，既称物体的质量，又量物体排开的水的质量。几年之后，一本巨著《论浮体》终于问世。在书中他写道：浸在液体中的物体所受到的浮力大小，等于它排开的液体所受的重力。这就是今天我们熟知的阿基米德定律。

阿基米德还发现了杠杆原理。他的经典名言"给我一个支点，我就能撬动地球"，被世人作为励志名

给我一个支点，我就能撬动地球

言广为传诵。

值得一提的是，在我国古代，曾经流传着曹冲称象的故事。东汉末年，东吴的孙权为了讨好曹操，特地派人送来一头大象给曹操。曹操见到这个庞然大物，心里盘算着：这家伙起码有几千斤吧！可是它到底有

多重呢？于是他命令左右文武百官想办法称出大象的重量。这下可为难了，到哪里去弄这样的大秤呢？文武百官们急得团团转。正在这时，曹操的小儿子曹冲走出来，不慌不忙地对大家说："我有办法称出大象的重量。先把大象牵到一条船上，记下水面与船体交会的位置，然后把大象牵走，把岸上的石头运上船，直到水面上升到原来所记的位置为止。称出船上石头的重量，不就得出大象的重量了吗？"大家听后茅塞顿开，连连称赞小曹冲。

曹冲称象的原理和阿基米德原理实际上是一样的，为什么物理教科书上没有曹冲定律呢？这是因为我国古人不善于把经验的东西上升到理论高度。科学需要有严密的理论体系，经验不能代替理论，更不能去指导实践。青少年朋友，你从中得到启发了吗？

用数学为天空"立法"

科学是非常爱妒忌的,科学只把最高的恩典赐给专心致志地献身于科学的人。

——[德]费尔巴哈

开普勒是德国近代著名的天文学家、数学家、物理学家和哲学家。他是继哥白尼之后第一个站出来捍卫日心说,并在天文学方面取得突破性成就的人物。他在 1609 年出版的《新天文学》和 1619 年出版的《世界的和谐》中,先后提出了关于行星运行的三条定律(开普勒定律),该定律为牛顿(Isaac Newton,1643—1727,英国物理学家)万有引力定律的发现提供了重要的启示,因此开普勒被后世称赞为"天空法律的创制者"。德国著名的哲学家黑格尔称赞开普勒是天体力学的真正奠基人。

1571年12月27日，开普勒出生在德国威尔的一个没落贵族家庭。他是一个早产儿，4岁时患上了天花，虽侥幸存活，身体却受到了严重的摧残，视力衰弱，满脸麻子，一只手半残。

开普勒

幸运的是，开普勒从小表现出出众的数学天赋，母亲为了培养他，经常带他到野外的高地观察各种天象。渐渐地，在他心里种下了热爱天文学的种子。1620年，他的母亲被控施行巫术而遭到囚禁。在当时，女巫是魔鬼的化身，会被活活烧死的。为了营救母亲，他放下自己手头的研究工作，四处奔走，聘请律师为母亲辩护，最终使母亲幸免于难。

23岁那年，开普勒从图宾根大学毕业，被推荐担任格拉茨大学的数学与天文学教师，同时也从事行星运行轨道的研究。在他看来，毕达哥拉斯和柏拉图关于"上帝是以完美的数学原则来创造世界和统治世界"的观点是绝对正确的真理，哥白尼揭示的太阳系远没有达到"数的和谐"，他发誓要做好这一工作。25岁时，他写成了《宇宙的奥秘》一书。在书中，他设想行星的运行应该和它们到太阳的距离有某种数学上的关系。由于当时只知道有六个行星（包括地球在内），这使他认为毕达哥拉斯发现的五种正多面体（正四面体、正六面体、正八面体、正十二面体、正二十面体）与六个行星之间一定存在着一种"和谐"的关系。他发现，正八面体的内切球和外接球的半径与水星距太阳最远距离和金星距太阳最近距离成比例，正二十面体的内切球和外接球的半径与金星距太阳最远距离和地球与太阳最近距离成比例，正十二面体、正四面体和正六面体也可以同样置于地球、火星、木星和火星之间。

开普勒对自己这种近乎数学游戏的研究结果欣喜若狂，他完全不在乎实测的结果，认为那些都是观测时产生的偏差。他把书寄给了皇家的天文学家们，其中包括比自己年长25岁的丹麦天文学家第谷·布拉赫

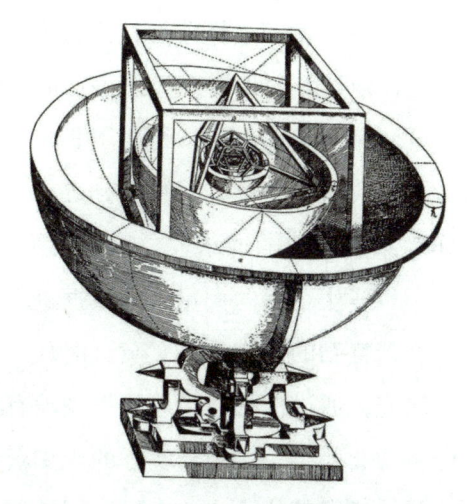

《宇宙的奥秘》中的实体模型

(Tycho Brahe,1546—1601)。尽管书的内容并没有什么科学价值,但还是有人逢迎他,利用他来诋毁第谷的天文体系。而第谷经过仔细审读后,敏锐地发现开普勒是一个想象力丰富、数学才能出色的年轻人。于是,爱才心切的第谷不顾前嫌,立即写信给开普勒。通过书信往来,第谷和开普勒对天文学问题进行了广泛地讨论,第谷热情地邀请开普勒做自己的助手,还给他寄出了路费。

在收到第谷的邀请信后,开普勒激动不已。他没想到这么著名的科学家虚怀若谷，还肯收自己为他的助手。于是，他带着妻儿，千里迢迢投奔第谷。

开普勒和第谷会面以后，结成了忘年交，亲密无间，形影不离。可惜的是，共事不到 2 年，第谷就去世了。作为第谷事业的继承人，他相信第谷的观测，并开始对第谷毕生获得的大量天文数据进行分析和整理，从此，开普勒的研究进入了黄金时代。他从火星入手进行研究，通过他的数学才能发现没有任何一种圆的复合运动会得出一条能与实际的观测资料一致的路径。他开始考虑其他形状的火星运行轨道。一个经典例子就是，他假定火星绕太阳做匀速圆周运动，但太阳无论在圆心上还是偏离圆心，计算的结果都会与第谷的观测值相差 8′。此时，他不再囿于自己的"数学原则"，认为第谷的观测数据是不可置疑的，于是转而用椭圆来代替圆周，不久就发现真实的轨道确实如此简单——它就是一个椭圆！

行星运动三个定律的发现，第一次真实地揭示出宇宙秩序的简单与和谐，是强大的数学工具和可靠的实验数据珠联璧合的结果。它的发现，给了科学家们很大的鼓舞，也为开普勒、罗伯特·胡克（Robert Hooke，1635—1703，英国物理学家）、爱德蒙·哈雷（Edmond Halley，1656—1742，英国物理学家）、艾萨克·牛顿等一大批科学家去探寻和揭晓天体运行背后的力学原因奠定了基础。

见此图标
微信扫码

发现万"物"之律
追寻真"理"之光

走近牛顿

我不知道,在世人的眼里我是什么样的人,但是在我看来,我不过像是在海边玩耍的孩子,不时为捡到一块比较光滑的卵石、一只比较漂亮的贝壳而喜悦,而真理的大海在我面前,却一点也没有被发现。

——［英］牛顿

(一)

1643 年 1 月 4 日,牛顿出生在英国林肯郡伍耳索浦村的一个农民家庭。

在牛顿出世前,他的父亲就因病逝世了。而他自己是个早产儿,出生时身体非常弱小。母亲看到他这个模样,叹息道:"哎,这么一个小不点儿,我简直可以把他塞进一只瓶子里去!"邻居们也都担心他能否活得下来。但出人意料的是,他不但顽强地活了下来,还成为了一位震古烁今的科学巨人。

牛顿3岁时,母亲改嫁,他由外祖母抚养。几年后在乡下上了学。然而不幸的是,在他11岁时,他的继父去世了,他也因此而停了学,回到母亲身边,与他的三个同母异父的弟弟妹妹住在一起。为了减轻家庭负担,母亲让他干些农活,放放羊,并帮助料理家务、看管弟妹等。读书之事看来已不大可能了。

牛顿

小时候的牛顿非常喜欢动手制作玩具,像风筝、风车、水车等。由于心灵手巧,肯动脑钻研,他制作的风筝比商店里买的飞得还高;他制作了一架精巧的风车，里面还别出心裁地放了一只小老鼠，牛顿将其命名为"老鼠开磨坊"，这令大人们看了都连连称奇，赞不绝口。

牛顿对很多事物都感到新鲜好奇，而且乐于去观察、思考、体验。有一天，在放学回家时，牛顿突然想到一个问题：早晨上学时自己的影子在一边，晚上放学回家时影子却移动到另一边去了。太阳光下的人影会随着时间的改变而移动，这一点启发了牛顿去制作日晷——一种测日影以定时间的器具。这个日晷的圆盘边缘有刻度，中间竖一根小棍子，从小棍子的影子所指的刻度就可以知道当时的时刻。牛顿把日晷安放在村子的中央，给村民们指示时间。后来村民们怀着敬意称它为"牛顿钟"。

牛顿意志坚强，学习用功。在乡下上学时，他体弱多病，性格腼腆，学习成绩原来是班上倒数，还经常受顽皮同学的欺侮。但他有一股不服输的劲。有一次，班上一名功课极好的调皮大王朝牛顿的肚皮上踢了一脚，牛顿被迫鼓起勇气和这个小霸王较量。他从此暗下决心，在功课上非超过他不可。他勉励自己："无论做什么事情,只要肯努力,是没有不成功的。"经过一番努力学习,他一跃成了全班的第一名。

牛顿退学回家后,仍坚持学习,有时甚至达到了着迷的程度。他放羊时常常看书,往往是羊吃了邻居的庄稼他也不知道;帮家里买东西的路上他也经常看书,结果是什么东西也没买回来。有一次更是奇怪,那是1658年9月的一天,狂风大作,飞沙走石,人们都连忙往家里躲,可是牛顿却从家里跑出来,顶着暴风雨在大路上跑来跑去。人们都以为他发疯了。等到牛顿回来时,母亲才知道儿子原来是在测试风的速度!

牛顿的这些好学表现,使他的舅舅和中学校长大为感动。在他们多次劝说下,牛顿才得以完成学业。1661年牛顿以减费生身份进入剑桥大学三一学院学习,这是剑桥大学收费较低的一所学院,来此求学的常常是家境较贫寒的学生,但牛顿的家庭还是难以应付,所以牛顿在学习之余,还要干些杂活,以解决生活上的困难。不过这无关紧要,对牛顿来说,有机会让他学习就足够了。在剑桥大学的几年中,他如饥似渴地学习，很快就崭露头角，并得到了著名数学家巴罗教授的赏识。值得一提的是，巴罗教授推荐不满27岁的牛顿接替了自己担任的卢卡斯数学教授席位，这一举动对牛顿来说无疑是人生中的一个重要转折点，为他日后的学术研究和成就奠定了坚实的基础。

（二）

牛顿大学毕业的那一年夏天，伦敦发生鼠疫，剑桥大学在疫区附近，为防传染，校方决定停课18个月。于是，牛顿离开剑桥大学，回到了乡下，开始了他人生中一段重要的思考和发现时期。

在这段时间内，牛顿并未因疫情而消沉，反而一直在思考着问题：天空中各大行星围绕着太阳运转，月亮围绕着地球运转，按照动力学理论，它们应该受到某种力的作用，那么，这种力是什么样的力呢？它有什么规律呢？牛顿苦苦思索但不得其解。有一天，牛顿在苹果树下一边休息，一边思考问题。突然间，从树上掉下来的苹果打断了他的思绪。看到掉下来的苹果，牛顿眼睛一亮，突然想到一个问题：苹果为什么总往地上掉，而不往天上飞？难道作用在苹果上的"地上的力"跟作用在月球上的"天上的力"有某种联系吗？带着这个问题，他对天体运动进行了深入的研究。他首先运用巧妙的数学方法，根据当时已知的天文数据，算出了月球表面的重力加速度值是 0.27cm/s^2，接着，他把地球表面的重力加速度 980cm/s^2 同月球表面的重力加速度相比，发现其比值几乎是地球与

牛顿在《宇宙体系》中的一幅插图，表示他对重力延伸到地球之外的思考

月亮间的距离同地球半径之比的平方。牛顿因此做出了一个大胆假设：月球受到地球的引力同地球上的重物受到的重力是同一种性质的力。于是他得出结论：地心引力的大小与物体到地心的距离的平方成反比例。牛顿把这一结论进一步推广到宇宙间的一切物体，利用开普勒的三个定律，通过严密的数学证明，建立起万有引力定律。牛顿把地球上物体的力学和天体力学统一起来，完成了物理学史上的第一次理论大综合。这一成果记录在1687年7月问世的《自然哲学的数学原理》中。

牛顿的《自然哲学的数学原理》是一部划时代的巨著，它奠定了经典力学体系的基础。牛顿写这本书的目的就是要为所有自然现象确定一个新的力学解释框架。在阐明他的框架时，牛顿提供了一种对自然现象的数学处理方法，可以使人根据最少的观察得到准确的结论。这种方法至今仍有非常重大的意义。

（三）

记得有位诗人这样写道：

自然和自然规律隐藏在黑夜中，
上帝说，让牛顿降生吧！
一切就有了光明。
……

牛顿在科学上的贡献的确是很少有人能与之比拟的。恩格斯说："牛顿由于发现了万有引力定律而创立了科学的天文学，由于进行了光的分解而创立了科学的光学，由于建立了二项式定理和无限理论而创立了科学的数学，由于认识了力的本性而创立了科学的力学。"不仅如此，他还确立了科学研究的正确方法。这种方法要求科学家首先观察事实，然后通过推理得出个别的定律或定理，最后通过进一步的实验来验证这些推理。后来法国物理学家安德烈·玛丽·安培（André-Marie Ampère，1775—1836）深知其中的奥妙，并根据这一方法创立了经典的电动力学，因而博得了"电学中的牛顿"这一美名。

牛顿具有科学的思维方法，因此他对于自己提出的理论总是十分谨慎。他有一句名言至今仍流传于世："在事实与实验面前没有辩论的道理。"这一原则他终生遵循，充分展现了他忠实于科学的崇高品质。

但是，牛顿也有背离这一原则而显得不谦虚谨慎的时候。科学史多次表明，当一个科学家变得不谦虚谨慎，盲目相信自己并忽视事实时，他往往会受到失败的惩罚，牛顿在这一点上也不例外。

牛顿在建立光的颜色理论后，便着手解决当时在天文望远镜中存在的一个缺陷——色差，即白光经过透镜后所成的像的边缘出现彩色模糊状。他想：如果不同的物质具有不同的折射率，那么色差也许可以通过不同折射率透镜的组合得以消除。为此，他设计了一个实验：在一个注满了水的玻璃棱形容器里，放入一个玻璃棱镜，以观测光线通过时的折射变化。这看似合理的实验设置，却隐藏着未被察觉的问题。牛顿万万没有料到他选用的玻璃恰好与水有相同的折射率，因此，尽管牛顿将这一实验重复多次，他也无法观察到折射的任何变化。于是，他犯了一个重大的错误，即从有限的实验事实中得出一个过于绝对的推论：所有不同的透明物质都是以相同的方式折射不同颜色的光线。又由于折射必然引起色散，所以他错误地认为望远镜的色差问题是无法解决的。

如果问题仅止于此，人们也许会对牛顿的失误表示理解。但牛顿这次显得尤为不谨慎且固执，这不仅导致他犯了错误，更使他失去了改正错误的机会。当时有一位对光学很感兴趣的人，名叫卢卡斯，他重复了牛顿的上述实验，由于他用的玻璃与牛顿选用的玻璃品种不同，所以得到的实验结果与牛顿的实验结果大相径庭，这让卢卡斯感到十分惊奇，于是他将自己的实验结果告诉了牛顿。如果当时牛顿谨慎一点，详细了解一下卢卡斯的实验，或许就能找出问题的根源。但他却固执地相信自己没有错，也不可能错，就这样失去了一次宝贵的改正错误的机会。

牛顿去世之后，人们才发现他的结论是错误的，也认识到不同的透明物质具有不同的折射率，并据此利用不同种类的玻璃制作出消除色差的复合透镜。1758年，伦敦的光学仪器商多朗德经过多年努力，终于成功研制出消色差望远镜，这一创举在当时轰动了整个欧洲。时至今日，几乎所有的精密光学仪器都运用了复合透镜来消除色差。

尽管牛顿因不谨慎而未能发现色散的可变性,但他也有引以为慰的地方,那就是当他认为改进折射望远镜无望之后,便另辟蹊径,成功制出反射望远镜。直到今天,世界上许多天文台也都装备有大型的反射望远镜。

笔尖下的发现

江海所以能为百谷王者，以其善下之。

——老子

太阳系第八颗行星——海王星的发现，是牛顿万有引力定律具有惊人魅力的一次实验验证。这颗行星的发现，展示出物理学理论无比巨大的威力！德国物理学家劳厄（Laue，1879—1960）曾言："的确，没有任何事物能像牛顿对行星轨道的计算那样，如此有力地树立起人们对年轻的物理学的尊敬。"

说起这一记入物理学史的大事件，人们脑海中立刻浮现出英国物理学家约翰·库奇·亚当斯（John Couch Adams，1819—1892）和法国数学家、天文学家奥本·尚·约瑟夫·勒维烈（Urbain Jean Joseph Le Verrier，1811—1877）两个年轻人各自不同的经历。

先说说亚当斯。亚当斯于1819年出生在英国的康沃尔郡，他在1837年进入剑桥大学圣约翰学院学习，并于1843年毕业，毕业后留校任教。在剑桥大学学习期间，亚当斯就注意到法国天文学家波瓦德

亚当斯

（Bouvard，1767—1843）在研究天王星的轨道运动时发现的"早期观测位置和后期观测位置不一致"这个反常现象。刚毕业的他凭着自己的数学才能和扎实的天体力学知识，勇敢地向这个难题发起了挑战。他推测，天王星运动反常的原因可能是受到了其外部一颗未知行星的万有引力影响。在剑桥大学天文台台长的鼎力支持下，他利用以牛顿运动定律和万有引力定律为基础的牛顿宇宙动力学模型，经过两年的潜心研究和数

学推算，终于计算出了天王星外的那颗未知行星的轨道、质量和位置。要知道，从天王星已知的轨道偏差去反推出一个在未知轨道上运行的未知行星，并且计算出其所在的位置、质量和距离，这足以彰显亚当斯数学功底的深厚和强大！

1845年9月，亚当斯兴致勃勃地把这一结果写成报告并递交给了英国皇家天文台——格林威治天文台台长乔治·比德尔·阿里（George Biddell Airy，1801—1892）爵士，希望能借助这个天文台先进的设备来观察发现新的行星。然而，阿里台长对亚当斯的结果表示怀疑，并未组织天文台研究人员进行观测和寻找，只是礼貌地向亚当斯写了封回信。亚当斯在缺少星图的条件下，只好自己在剑桥大学天文台进行观测，但并未有所发现。在这期间，亚当斯又先后6次向剑桥大学天文台和格林尼治天文台提交了他的计算结果，但都未引起重视。一直到第二年的7月，阿里才意识到这一计算结果的价值，于是请他在巴黎天文台任台长的朋友沙里斯带领人去观测。其实他们在8月4日和12日的观测中都记录到了新行星的存在，只是未能及时处理这些观测数据，从而再次错过了发现新行星的机会，让新行星从他们的手里溜走。

再说说勒维烈。

1841年，勒维烈在法国物理学家阿拉果（Arago，1786—1853）的启发下开始对这一问题进行研究。他所用的方法与亚当斯相似，同样是基于采用数学演算方法进行分析。到了1846年8月31日，他的论文《论使天王星失常的行星，它的质量、轨道和当前位置的确定》发表在《法兰西数学学报》上。由于当时巴黎天文台缺乏详细完备的星图，勒维烈转而向柏林天文台求助。9月18日，他把计算数据寄给了德国天文学家加勒（Galle，1812—1910）。他在信中这样写道："请您把望远镜指向黄径326°处宝瓶座内的横道上的一点，您将在离此约1°的区域内发现一个明亮而显著的新行星，

勒维烈

它的亮度约9等……"

勒维烈真是太幸运了。9月23日,也就是这封信到达加勒手中的当天晚上,这位德国天文学家就把望远镜对准了宝瓶座中勒维烈计算出的位置,并进行认真搜索,细心记录下经过望远镜里的每一颗星。仅仅花了不到半个小时,他便发现了一颗星图上未曾标注的略带淡蓝色的8等星,它恰好位于勒维烈所预言的52′的位置上。第二天晚上他又继续观测,发现这颗星在恒星之间步履迟缓地移动着,这表明它确实是一颗行星。加勒兴奋极了。9月25日,他在回复勒维烈的信中写道:"先生,您为我们指出的新行星的位置是准确无误的,它确实存在。"这封信寄到巴黎时,勒维烈看到自己的预言如此迅速地变成现实,内心激动万分。

加勒把观察结果发表在了德国《天文学杂志》第23卷上。这一重大发现的公布,立刻引起了全世界的轰动,勒维烈的名字也因此传遍了全世界。听到消息后的格林尼治天文台台长阿里却深感遗憾。因为之前亚当斯提交的计算结果与新发现的行星真实位置几乎完全一致，但由于他们的忽视从而错失了率先发现的良机。

新行星的发现轰动了整个世界，这在当时无疑是个奇迹。一位天文学家在巴黎凭数学计算便预言出一颗新行星的位置，另一个天文学家在柏林操纵望远镜找到了它。阿拉果赞叹道："一颗行星的发现是需要天文学家在望远镜里观察，可是勒维烈先生发现这个新的天体，都未曾朝天一瞥，他仅凭笔尖便洞察了这颗行星。只靠计算的力量，他便确定了这颗位于我们所知行星疆界之外天体的位置和大小，这是一个离太阳12亿里（法国的古代计量单位）的天体，即便在当前最大的望远镜里也看不出它的圆轮来。"

新行星发现后命名问题随之而来。当时阿拉果认为勒维烈"为祖国争得了光辉，为子孙赢得了荣誉"，建议命名为"勒维烈星"，但勒维烈却婉拒了。后来人们还是遵循了传统的行星命名法来命名这颗不平凡的行星。以前，行星的命名都是用古代神话里的神名来命名的，如 Venus（金星）以古罗马的爱神命名，Mars（火星）以古罗马的战神命名。人们从望远镜里

太阳系的八大行星

观测到这颗淡蓝色的行星时，联想到了大海，便称它为"Neptune"。据传说 Neptune 是古罗马神话中的海神，统治着全世界的海洋，居住在深邃的海底宫殿里，常乘坐一辆由金鬃白马拉的两轮马车在海上奔驰巡逻。我国则把 Neptune 贴切地译成海王星。

在海王星发现后，许多人又想起了亚当斯的工作成果，当人们重新解读亚当斯的论文时，发现其中一段清楚地写着："新行星位于宝瓶座，其亮度大约相当于一颗 9 等星……"由此可见，这两个互不知情的年轻人，得到了几乎相同的计算结果。在英法两国学术界关于海王星发现的优先权进行争论时，亚当斯本人却保持着平静和淡泊。他在日记中写道："对他人的荣誉不应嫉妒，对自己的成功不应骄傲。"他本人抱着十分超然的态度，甚至对格林尼治天文台台长阿里也没有丝毫的怨言和责怪之心。1847年英国女王在参观剑桥大学时，为表彰亚当斯在研究新行星方面的贡献，决定给他授予爵位。亚当斯听后谦逊地表示："这是科学巨人牛顿曾经获得过的殊荣，我与牛顿是无法相比的。"同年，这两个年轻人在伦敦的一次国际性学术会议上友好地相见了，他们互相称颂对方的工作，展现了科学家的胸怀。

历史是公正的，人们一致认为他们应当共享这个荣誉。因此，后来英国天文学会把两枚金质奖章分别授予勒维烈和亚当斯，以表彰他们各自的功绩。鉴于他们的科学才华和卓越贡献以及表现出的高尚情操，勒维烈后来两度出任巴黎天文台台长，而亚当斯也担任了两届英国天文学会会长，并在1861年任剑桥大学天文台台长。

批评是科学发现的催产剂

真正的科学精神,是要从正确的批评和自我批评发展出来的。真正的科学成果,是要经得起事实考验的。有了这样双重的保障,我们就可以放心大胆地去做,不会自掘妄自尊大的陷阱。

——李四光

学过物理学的人应该都知道,玻意耳定律是一条著名的经验定律。这条定律可以表述为:一定质量的气体,在温度保持不变的条件下,其体积与压强成反比。然而,这条定律的诞生竟源于一次荒谬的批评,这个故事恐怕鲜为人知。

罗伯特·玻意耳（Robert Boyle，1627—1691），这位英国的物理学家和化学家，于1627年1月25日出生于英国爱尔兰利斯莫尔城堡的一个贵族家庭。他的优越家境为他的学习和日后的科学研究提供了较好的物质条件。尽管童年时期的玻意耳并不显得特别聪慧，性格安静且略带口吃，但他对游戏的热情远不及对学习的热爱。相较于他的兄长们，他更热衷于学习，对书籍异常着迷。8岁时，父亲将他送到伦敦郊区的

玻意耳

伊顿公学。在这所专为贵族子弟开办的寄宿学校里，他学习了3年。随后他和哥哥一起在家庭教师的陪同下，来到了当时欧洲教育中心之一的瑞士日内瓦并在那里度过了2年学习生涯。在此期间他学习了法语、实用数学和艺术等课程。

1641年，玻意耳兄弟又在家庭教师的陪伴下游历欧洲。在意大利，他阅读了伽利略的名著《关于托勒密和哥白尼两大世界体系的对话》，也因此对伽利略推崇备至。20年后他的名著《怀疑派化学家》便是模仿这本书的格式写成的。

在玻意耳那个时代，尽管大气压的概念早已被提出，空气中存在压力的观点也已被指出，但这一观点却迟迟未能得到广泛认可。法国的科学家们还为此制造了一个黄铜气缸，中间装有紧密安装的活塞。当他们用力按下活塞压缩缸里的空气后，再松开活塞，活塞虽会弹回来，但总是不能恢复到原位。不论他们间隔多久重复实验，结果都是相同的。通过这个实验，他们声称空气根本不存在"弹性"（压力），经过压缩，空气会保持轻微的压缩状态。玻意耳得知这一情况后指出，活塞不能全部弹回来的原因在于活塞安装得太紧。可马上就有人反驳道，如果活塞稍松，四周就会漏气，影响实验的准确性。玻意耳许诺要制造一个松紧适中的绝好活塞，以证明上述实验的错误。不久之后，经过精心准备，玻意耳在众人面前展示了自己的实验。他手持一个"U"形大玻璃管，这个"U"形玻璃管的两端是不匀称的，一端细长，另一端短粗，短的一端密封，长的一端开口。玻意耳把水银倒进玻璃管中，水银在封闭的短管中封住了一小段空气。玻意耳解释道，水银在这里起到"活塞"的作用。实验开始了。玻意耳首先记下水银重量，并在水银和空气的交界处刻了一条线。接着他向长玻璃管中继续添加水银，直到管子被填满。这时，水银在短玻璃管中的高度上升到了原来的一半。被封住的空气在水银的挤压下，体积也缩小到了将近原来的一半。玻意耳在短玻璃管上刻下了第二条线，标示出此时水银的新高度和被封住的空气体积。然后，通过"U"形玻璃管底部的阀门，玻意耳开始排出水银，直到水银的重量与实验开始时的重量相等。水银柱也回到了实验开始时的高度，而被封住的空气也回到它当初的位置。这一实验充分证明了空气确实具有"弹性",从而验证玻意耳的观点是正确的。

1660年,在做了许多证明空气具有"弹性"的实验后,玻意耳出版了他的著作《关于空气的弹性及其影响的物理——力学新实验》(以下简称《新实验》)。在这本书里,他明确指出,他的实验目的并非解释空气的"弹性",而是证明空气有"弹性"。

他的著作一经发表,便引发了激烈争论,其中英国物理学家莱纳斯的批评尤为尖锐。莱纳斯在读了玻意耳的《新实验》之后,专门写了一篇名为《论物体的不可分离性》的文章,对玻意耳的观点进行反驳。他说,空气的"弹性"绝不会大到足以支撑托里拆利(Evangelista Torricelli,1608—1647,意大利物理学家、数学家)管中的水银柱。他还表示自己发现了一种极为纤细、甚至肉眼难以察觉的线状物质,正是这种无形的"线"将水银柱吊起。他还绘声绘色地指出,当用手按紧托里拆利管的顶端时,会感觉到它所产生的拉力。

为了回应这种近乎荒唐的批评，玻意耳认为，与其无休止地陷入抽象的争论中，不如转而专注于实质性的研究工作。他决心再次用实验来说明问题。

1661年，在青年物理学家卡尔德·汤立蒙的协助下，玻意耳在牛津实验室里对空气在压力下的性质进行了深入的研究。他们把一根长玻璃管弯成两边不等长的"U"形管，把较短的那段管子的上口密封起来，同时在两边玻璃管上贴上标有等分刻度的纸条，用来

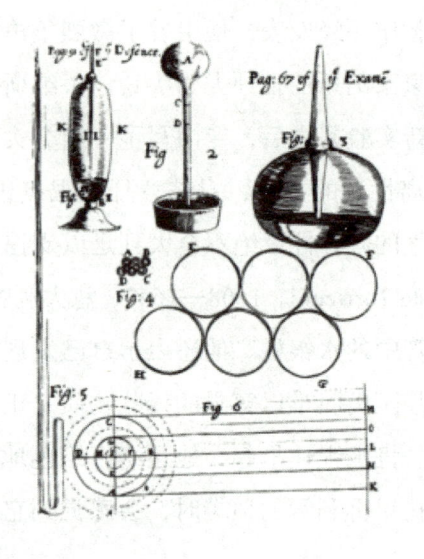

玻意耳在书中记载的发现"玻意耳定律"所用的实验仪器

识别体积的变化。实验开始了。他们先用水银把一定量的空气封入较短的管子里，确保两根管子的水银面处于相同高度。然后，再向较长的管子里灌入水银，将短管的空气压缩到体积为原来的一半。然而，当长管里的水银达到很高的位置时，管子意外破裂，实验失败。面对挫折玻意耳并没有放弃，为了反驳批评者的观点，他们决定重做实验。这次他们找了一根更长的玻璃管，制成"U"形管后，用绳子吊起来做实验，结果空气竟承受住了高达117.5英寸水银柱的压力。接着又对短管中的空气进行加压实验。他们发现当压力增大一倍时，空气体积减小一半；当施加3倍压力时，体积则会减小到原来的三分之一。反过来也是一样，短管中被封闭的空气体积的变化与其所受到的压力总是成比例。这一简单的数学关系式就是我们如今熟知的"玻意耳定律"。它是人类历史上首个用数学表达的物理定律。

通过对实验结果的整理和总结，玻意耳终于发现了玻意耳定律，并将这一成果发表在《新实验》的第二版中，以此有力地反驳了莱纳斯的批评。

有人认为，如果不是一个自称为物理学家的荒谬的批评，玻意耳或许永远也不会发现以他名字命名的定律。然而，这种说法未免过于偏颇。实际上，玻意耳的这一成果更应归功于他能正确对待莱纳斯的批评。可见，正确对待批评往往是建立正确认识的催产剂。

柴油机的发明往事

如果你希望成功,当以恒心为良友,以经验为参谋,以担心为兄弟,以希望为哨兵。

——[美]爱迪生

如今,柴油机的应用已经变得非常普遍了,无论是田野里耕耘的拖拉机,公路上奔驰的载重汽车,海洋中航行的轮船,还是战场上冲锋陷阵的坦克都离不开柴油机的动力支持。然而,提起柴油机的发明史及其发明

狄塞尔

人，背后却隐藏着一段辛酸的往事。

被誉为"柴油机之父"的鲁道夫·狄塞尔（Rudolf Diesel，1858—1913），是一名德国的物理学家和热力学工程师（德语中的"柴油"一词便是以他的名字命名的）。他出生在巴黎，并在那里度过了他的童年时光。由于生活艰难，年仅12岁的狄塞尔被送到了德国奥格斯堡的叔叔家里。在叔叔的照料下，他进入职业学校学习，并以优异成绩脱颖而出。1875年，他进入慕尼黑工业大学攻读机械制造专业，因成绩优异颇受著名的机械教授林德（Linde,1842—1934）的器重。1879年，21岁的狄塞尔毕业后，在瑞士温特图尔一家机械厂任零件设计员，两年后转到巴黎担任林德冷藏企业的热机工程师、安装工和推销员。

起初，狄塞尔致力于氨气热机的研究，试图以氨气代替水蒸气作为工作物质，从而改进蒸汽机的性能，为此他努力了6年，但最后还是没有成功。之后，他转向内燃机的研究。当时，以煤和油为燃料的内燃机刚刚问世，其压缩压力并不高，仅维持在20至30个大气压之间，如果压力再高，混合气就会发生"爆燃"，因此热机效率普遍低于20%。面对这一现状，狄塞尔萌发了设计新型热机的念头，并开始积蓄资金。1885年，他辞去工程师职务，在巴黎设立了自己的热机实验室。狄塞尔深受法国物理学家、工程师萨迪·卡诺（Sadi Carnot，1796—1832）关于热机循环理论的影响，满怀信心地投入高效率内燃热机的研究。经过理论计算和30多次的初步试验，他认为改用纯空气可以避免"爆燃"问题，压缩压力也可提高到200至250个大气压，压缩终了时温度可达800℃。在这样的高压高温下喷入煤粉进行等温燃烧，热机效率可提高到70%～80%。随后他把自己的成果写成文章发表，并向专利局申请了专利，同时与奥格斯堡机器制造厂合作继续推进实验研究。1893年底，狄塞尔终于制造出一台样机。可是，这台样机在试验压力达到80大气压时突然发生爆炸，吓得在场的人四处逃散。

勇敢的科学斗士在失败面前是不会气馁的。狄塞尔在给妻子的信中写道：无论如何，这次实验证实了"燃料喷入高压空气中能够自行着火"的原理是可行的。他吸取了教训，修正了错误，经过几个月的重新改进，内燃热机首次实现了独立运转。尽管初次运转仅持续了88转，气缸在短短1分钟时间内便因高温而熔化，但这无疑是实验向前迈进的重要一步！

从1893到1897年，狄塞尔经历了无数次的实验和失败，但他从每次的失败中都会去寻找成功的希望。他毅然抛弃了原来的理想等温加热模式，转而采用定压加热模式，同时改用水冷却并燃烧柴油。这些改进措施使压缩压力降低至35个大气压。1897年1月，

狄塞尔发明的柴油机

狄塞尔终于成功制造出了世界上第一台柴油机。这台柴油机至今被收藏在慕尼黑德意志科技博物馆里。

　　柴油机的发明轰动了欧洲，它使得当时一切热机都相形见绌。奥格斯堡机器厂也因此接到了大批柴油机的订货单，狄塞尔一下子名扬四海，成了百万富翁。然而这位不怕失败的人却被成功冲昏了头脑，把本应继续研究改进柴油机的事情抛到脑后，转而忙于谋取财富。不久，灾难来临了。奥格斯堡机器厂生产的柴油机在使用中故障频发，用户纷纷要求退货。柴油机的声誉一落千丈，制造厂很快就濒临破产。缺乏商业头脑的狄塞尔也陷入经济困境，负债累累。打击对他实在太大了，以致于他在50岁左右就患上了神经衰弱。1913年9月29日，可怜的55岁的狄塞尔在乘船通过英吉利海峡时投海自尽，悲惨地结束了自己的生命。

　　一个在失败面前敢于奋进的科学勇士，竟在成功中葬送了自己，这难道不能引起我们深刻反思吗？

甘甜苦中来

> 卓越的人一大优点是：在不利与艰难的遭遇里百折不挠。
>
> ——［德］贝多芬

在众多的物理学家中，很多人是经过正规的学校培养造就的，但也有不少是靠自学成才的，荷兰物理学家约翰尼斯·迪德里克·范德瓦耳斯（Johannes Diderik van der Waals，1837—1923）

范德瓦耳斯

就是其中的一位。

1837年，范德瓦耳斯出生在荷兰莱顿城的一个贫苦家庭。父母勉强供他上了中学，但由于家庭经济困难，他不得不中途辍学，到一家印刷厂当学徒工。少年时代的失学，对求知欲很强的范德瓦耳斯无疑是一个沉重的打击。但他能体谅父母的苦衷，于是毅然决然地承担起了家庭生活的重担。直到1862年他才有机会上大学，那时他已经25岁了。

他家离莱顿大学不远。莱顿大学是北欧的一所著名的古老学府，自1575年创建以来，为荷兰培养了大批人才。每当范德瓦耳斯上下班路过这所大学时，总是不由自主地止住脚步，他希望自己能够进入大学学习。然而，那个时代的欧洲社会等级森严，人被分为高低贵贱。高等学府只能是权贵子弟的乐园，像范德瓦耳斯这种出身贫苦家庭的子弟，即使再有天资，也只能是望而兴叹！

但是，范德瓦耳斯性格坚韧，不为逆境所屈服。他暗下决心，既然不能在课堂里学，那就在工作中边干边学；既然没有老师指导，他就摸索着自学。于是，范德瓦耳斯开始了自学的艰难历程。

读书是一种艰苦的劳动。有的人即使在条件优越的大学里学习，也往往事倍功半，更不用说一个连中学都没读完的青年了。范德瓦耳斯既没有教师指导，又没有钱购书，自学的困难是可想而知的。这些困难，也曾使范德瓦耳斯一度消沉、动摇过。然而他很快便重拾信心。他阅读了许多名人传略，对那些靠自学成才的专家学者感到由衷的敬佩，于是下定决心向他们学习。

说来也巧，范德瓦耳斯家的隔壁，是欧洲著名大思想家莱顿·约翰的故居。莱顿·约翰虽出身低微，家境清贫，也曾做过裁缝、小贩和客店杂工，但他自幼好学，具备惊人的钻研精神，尽管生命短暂，只活了短短27年，却创造了独树一帜的哲学理论。范德瓦耳斯身居此处，既感庆幸，又觉内疚。他庆幸的是有莱顿·约翰这样一位好"邻居"作为榜样；内疚的是自己学业进步缓慢，怎能对得起这位伟大的"邻居"！每当他遇到疑难问题百思不解时，常拍案而起，质问自己："莱顿·约翰也是个苦命人呀，为什么他能有所作为，我却这样没出息？"

在古老的莱顿城中心十字街头，有一个小广场，那里竖立着荷兰大画家伦勃朗的塑像。他早上去上班时，经常绕道去广场瞻仰这尊受人敬慕的塑像。他想："您也是我们莱顿人，14岁就进入了莱顿大学学习绘画。我现在虽然学习条件并不比你好，但我要好好向您学习啊！"

范德瓦耳斯说到做到！

范德瓦耳斯所在的印刷厂已有几百年的历史，工厂的设备较好，经理又是一位注重技术的开明绅士。为了提高工人的技术水平，他特意在工厂里建立了一个小型实验室。范德瓦耳斯平时工作认真踏实，勤于思考，善于钻研技术，因此深受经理的青睐。不久之后，经理就同意他进实验室工作。范德瓦耳斯在工作时间内兢兢业业，工作之余就埋头于各种物理实验。此外，他还通过一个在莱顿大学当勤杂工的亲戚，借阅了许多书籍进行自学。就这样，经过10年的苦干苦读，范德瓦耳斯不仅打下了坚实的物理学基础，还对物理学有了许多精辟的分析和独特的见解。

此事传至莱顿大学，教授们被范德瓦耳斯的拼搏精神所感动，但对他的学识将信将疑。于是，他们特地请他到学校座谈，他有理有据的对答使教授们颇为满意。之后，教授们又仔细阅读了他的读书笔记，更是被他的独特见解所折服。因此，他们当即向学校提出让他入学的请求。但由于学校的一些规定，他仍被拒于校门之外。教授们为此愤愤不平，认为这是学校在埋没人才，于是他们不顾学校的劝阻，继续和范德瓦耳斯共同研究问题。当时，范德瓦耳斯正在研究气体、液体的运动，但苦于没有合适的实验场所，工作难以开展。为了支持他，莱顿大学物理、化学两系的教授们再次联名请求校方，准许他作为特别学生使用学校的实验室。学校当局最终答应了教授们的恳求，以"非正统"的形式接收他为莱顿大学的学生。范德瓦耳斯对此欣喜若狂，他并不在意是否"正统"，而是全身心投入莱顿大学的学习中。在这期间，为了有一个好的学习环境并维持生计，他去了一所中学当教师。1873年，范德瓦耳斯终于完成了在莱顿大学的博士学位论文《论气态与液态之连续性》。在这篇论文里，他改进了气体的状态方程，把分子间的作用力和分子的体积放进方程中去。他论证了当分子间距离较远时，它们之间必定存在吸引力，这一作用会附加到容器施加的压强上。他进一步提供证据，假设附加产生的压强与气体比容的平方成反比，此外，由于分子占有体积，它们可利用的空间必须相应减少，也就是说，减少的总体积与分子在互相接触时所占有的体积成正比。于是，1摩尔真实气体的状态方程变成：

$$\left(p+\frac{a}{V^2}\right)(V-b)=RT$$

这个方程中包含的两个常数 a 和 b，对于每种气体物质，它们可通过实验确定。R 是普适气体常数。

1877年，范德瓦耳斯被一所大学聘为物理学教授。从此，他有了安定的环境，他的才能也得到了更充分的发挥，在以后的几十年时间里，他在物理学，特别是在分子物理学领域做出了杰出贡献。1910年，他因建立了近似描述实际气体性质的非理想气体的状态方程（即范德瓦耳斯方程）而获得了1910年度诺贝尔物理学奖。

真诚的友谊

真实的十分理智的友谊是人生最美好的无价之宝。

——[俄]高尔基

"我永远不会忘记 1847 年在牛津举行的那次英国科学协会会议。在一个分会上,我听了一个非常谦虚的年轻人的报告,他的表情流露出他正在阐述一个伟大的思想。他的报告深深地打动了我。起初,我认为他的理论与卡诺的理论相矛盾。在听完报告后,我和他简短地交谈了几句话,这成了我们两人长达 40 年交往和友谊的开始。当天晚上,在英国科学协会安排的学术谈话上,我们又交谈了一个小时,广泛地讨论了热力学各方面的问题，我从他那里了解了许多我从未有过的新思想。我也相信，当我谈到卡诺理论时，我也告诉他了一些值得深思的事情。我们在牛津德拉克里夫图书馆分别了，但是我可以肯定，我们两人都感到还有许多问题要和对方讨论。当晚谈的很多事情都是值得仔细回味的。"

这是英国著名物理学家威廉·汤姆孙（William Thomson, 1824—1907）回忆录中的一段话。他说的这个年轻人就是我们今天熟知的英国物理学家詹姆斯·普雪斯科特·焦耳（James Prescott Joule, 1818—1889）。其实，焦耳那时还比他年长6岁。

焦耳

焦耳与汤姆孙是同时代的英国物理学家。汤姆孙年轻时才华出众，1841年，年仅17岁的他便进入剑桥大学，很快就崭露头角，22岁时当上了格拉斯哥大学教授。焦耳在22岁时发现了通电导体发热的规律，25岁时证明了热是能量的一种形式，测量了功和热之间的关系，并推断出热和功是以一个固定的比率互相转换的。和汤姆孙相比，焦耳出生在一个富有的酿酒商家庭，从小接受的是家庭教师的教育，没有受过正规的学校教育，他所取得的这些成就，对于信奉"热是一种物质"，把卡诺的"热质说"奉为圭臬的理论权威们来说，怀疑甚至反对也就在情理之中。汤姆孙就是其中的一个。

1847年，英国科学协会的学术会议在牛津召开。焦耳向会议提交了论文，请求宣读，但遭到了会议主席的阻挠。经过再三交涉，主席才作了让步，只允许他对自己的实验进行简要介绍。

当焦耳带着实验仪器走上讲台，开始发言和演示时，坐在台下的汤姆孙却心不在焉。两年前在剑桥科学协会上，他初次见到焦耳时的情景又浮现在眼前。当时，焦耳作了关于热功当量的研究报告，宣称热是一种能量形式，而汤姆孙笃信"热质说"，认为热是一种物质。他心想："一个酿酒师竟敢挑战公认的'热质说',这还了得!"在那次会上,焦耳的发言遭到否定,皇家学会也拒绝发表他的论文。

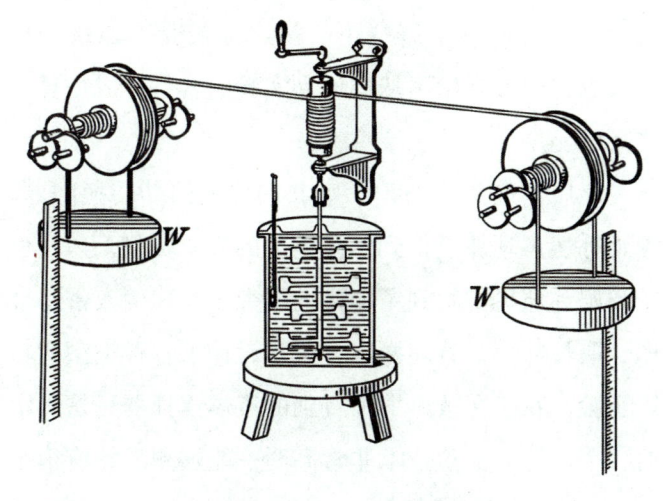

焦耳测量热功当量的实验用具

现在,谦虚的焦耳面对怀疑和非难,再一次宣讲自己的实验成果。他坚定地宣称:"各种形式的能量都可以定量地相互转化,比如机械能就可以定量地转化为热,反过来也一样。"

焦耳的发言,像在热油锅里洒进了水,引得学者们议论纷纷,汤姆孙心里泛起了嘀咕:"热定量地转化为功,这可能吗?"

尊重事实，相信科学，追求真理，这是科学家的本能。会后，汤姆孙主动找焦耳进行了亲切友好的长谈。在焦耳的耐心解释下，汤姆孙接受了能量守恒的观点，两人开始了从理论到实验的合作，成为莫逆之交。

此后，这两位物理学家共同研究热功转换问题。汤姆孙从焦耳那里得到了许多新的实验资料，焦耳也从汤姆孙那里了解到了卡诺的研究工作。两人密切合作，取长补短，共同探讨。焦耳设计了各种类型的巧妙实验，我们在教科书中看到的液体搅拌器只是其中的一个。他的实验技术非常高明，能够测量数值很小的温度差，而且结果都很准确。1853年，在焦耳的协助下，汤姆孙对能量守恒和转化定律进行了精确的表述。在这期间，他俩共同发现了著名的焦耳—汤姆孙效应，即气体通过多孔塞膨胀后所引起的温度变化现象。

1850年，焦耳被选入英国皇家学会，当时他仅有32岁。两年后他又获得了皇家勋章。在他去世的前两年，他很谦虚地对人说："我一生只做了两三件小事，没有什么值得夸耀的。"焦耳的谦虚是真诚的，如果他在九泉之下，得知后人为了纪念他，把能量和功的单位命名为"焦耳"，并且英国人还为他在著名的威斯敏斯特教堂竖起了纪念碑，他也许会感到很惊奇。

发现万"物"之律
追寻真"理"之光

人间的"普罗米修斯"

科学世界是无穷的领域,人们应当勇敢去探索。

——童第周

在希腊神话故事中,有一个从天上盗取火种为人类造福的天神——普罗米修斯;而在人间,有一位物理学家冒着生命危险进行了捕捉雷电的实验,揭示了天上闪电打雷的秘密,成功设计并制造了避雷针,避免了许多人畜、房屋遭受雷击。这位被称为人间的"普罗米修斯"的人就是美国物理学家本杰明·富兰克林(Benjamin Franklin,1706—1790)。

1706年1月17日,富兰克林出生在美国波士顿的一个工人家庭。小时候的富兰克林虽然读书用功,成绩优异,但由于家庭经济困难,只读了两年书便离开了学校。这两年也是他一生中仅有的学校生活。尽管如此,富兰克林还是利用工作之余,如饥似渴地进行自学,从自然科学技术方面的通俗读物到著名科学家的论文以及名作家的作品,他都认真阅读、仔细钻研。富兰克林常说:"读书是我唯一的娱乐。我从不把时间浪费在吃喝玩乐上。你热爱生活吗?那么别浪费时间,因为时间是组成生命的材料。"正是由于他惜时如命,刻苦自学,在青少年时代就奠定了进行科学研究的坚实基础。

18世纪中叶,科学还没有揭开雷电现象的秘密,人们常常把雷电与上帝发怒联系起来,认为雷鸣电闪是上帝震怒的表现。富兰克林是不信上帝的,他想要

揭开这个奥秘。为了证明天电和地电是同一种物理现象,他设计了一个著名的捕捉天电的风筝实验。

1752年7月的一天,在雷暴雨即将来临的时候,

风筝实验

富兰克林带着他的儿子匆忙奔向费城郊外田野里的一间草棚,拿出准备好的风筝。这只风筝由丝绸制成,顶端绑着一根金属丝,用来吸引天空中的闪电。金属

丝连着放风筝的细绳，细绳的末端系着一把铜钥匙。风筝摇摇晃晃地升上了天空，父子俩紧张地注视着天空。不一会儿，雷鸣电闪，大雨倾盆而下，风筝迎着雷电在空中飘荡……

突然，儿子惊叫起来："爸爸，爸爸！"

原来，细绳上有些松开的纤维翘起来了，啊，是带电了！富兰克林用手指接近那把钥匙，只见手指和钥匙之间噼啪作响，闪动着蓝色的电火花，受到猛烈电击的富兰克林这时完全忘却了雷击的痛苦，他欣喜地向身旁的儿子喊道："我受电击了，我受电击了！"接着，他又通过钥匙，把电储存在莱顿瓶中，用来做一系列的电学实验。通过这些电学实验，他发现了"电荷守恒定律"、"尖端放电"现象和用正负来描述电荷的性质。

富兰克林揭开雷电现象神秘面纱的风筝实验很快传遍了世界。许多科学家放下手中的工作，转而研究雷电。科学给人类带来了进步，但人类在探索科学道路的进程中也付出了高昂的代价。俄国的黎赫曼教授在一次实验中不幸被雷电击中而身亡，成为电学史上第一位献身者。消息传到费城，富兰克林深感悲痛，同时也认识到了雷电的危险。于是富兰克林决定利用自己发现的"电荷易被尖形的金属棒吸收"的特性和费城风筝实验的原理来制作一个避雷装置。他想，既然已经通过实验证明雷电是可以被引导的，那么，如果在屋顶上安装一根容易吸收电荷的金属棒，再在金属棒末端系上一条金属线直通到地下，当金属棒在遇到带电的云块时，就能借助金属线，将电荷传入地下，从而避免电荷在屋顶大量集聚，使房屋免遭雷击。

1760年，世界上第一套避雷装置出现在费城的一座大楼上，消息迅速传遍到世界各国。人们纷纷感谢他给人类带来了安全，感谢他拯救了无数生命，法国人甚至把他的肖像放在枕头下面以示敬意。1778年，避雷针式的帽子竟成为巴黎最时髦的款式！

富兰克林不仅是一位出色的科学家，还是一位著名的社会活动家。他是美国的开国元勋之一，参加起草和签署了《独立宣言》及《美利坚合众国宪法》。法国经济学家杜尔哥评价他时说："他从苍天那里取得雷电，从暴君那里取得了民权。"

一个中学教师的发现之路

环境愈艰难困苦，就愈需要坚定的毅力和信心。

——［俄］托尔斯泰

欧姆定律是电学中的一条基本定律，这条定律在我们今天看来是如此简单，然而它的发现过程却并非如一般人想象的那么简单，德国物理学家乔治·西蒙·欧姆（Georg Simon Ohm，1789—1854）曾为此花了多年的心血，付出了艰巨的努

欧姆

力。不仅如此，这条定律宣布之后，还遭到一些人的非难和攻击，以致又经过十几年的艰苦磨难，欧姆的这一伟大发现才逐渐得以公认。

1789年3月，欧姆出生于德国埃尔兰根城。他的父亲是一个技术熟练的锁匠，虽然从未受过正规教育，但对自然科学怀有浓厚兴趣。在父亲的教育下，欧姆从小学习数学，并受到有关机械技能的训练，这为他后来进行研究工作，特别是为自主制造实验仪器奠定了坚实的基础。1812年，欧姆开始在埃尔兰根大学任无薪助教，后因生活所迫以及他性格耿直得罪了不少人，最终不得不离开大学到科隆中学任数学教师。正是在科隆中学，欧姆踏上了崎岖的科学研究之路。

在欧姆那个时代，电流强度、电压、电阻等概念尚未明确，因此无法对它们进行精确测量。但是，"天才的研究者"欧姆并没有在困难面前屈服，而是经过自己艰辛的努力，逐一克服了这些难题。在研究中，他受到热流规律（一根导热杆中两点间的热流大小正比于这两点的温度差）的启发，推想导线中两点之间的电流大小也许与这两点之间的某种驱动力成正比，欧姆把这种未知的驱动力称作"验电力"，也就是现在我们说的电势差或电压。在这个设想的基础上，他做了一系列的实验，在实验中也遇到了不少困难，其中就有如何准确测量电流强度，这在当时还是一个没有解决的难题。欧姆曾想利用电流的热效应，即用通电导体会产生热胀冷缩这一现象来测量电流强度，但没有取得理想的效果，后来，他巧妙地将电流的磁效应与库仑（Coulomb，1736—1806，法国物理学家）扭秤结合起来，创造性地设计了一个电流扭力秤，用它来测量电流强度。

有了电流扭力秤，就可以定量地研究电路中电流强度与哪些因素有关的问题了。但在实验中他又发现所使用的伏打电池极不稳定，而且很容易极化。幸运的是，那时已经有了温差电池，在朋友的建议下，他改用温差电池作为电源，这样，实验才得以顺利进行。为了找到电路中电流强度变化的规律，欧姆不厌其烦地把许多粗细相同、长度不同的铜导线依次接入电路，认真地测量电路中的电流。根据大量的实验数据，他总结出了下面的公式：

$$X = \frac{a}{b+x}$$

式子中的 X 代表电流强度，相当于电流；x 代表导线的长度，相当于外电路的电阻；a 代表电源的"验电力"，也就是电动势；b 相当于内阻。上面这个式子实际上就是我们现在讲的闭合电路中的欧姆定律。

1827年，欧姆出版了《用数学推导伽伐尼电路》一书。在这部书中，他公布了自己的研究成果。然而，令人意想不到的是，他却因此遭受了沉重的打击。一方面，他因出版此书而得罪了科隆中学的校长；另一方面是因为当时的德国科学家崇尚抽象的思辨，热衷于创造统一的、普遍的理论体系，并且认为这种体系不是用经验方法所能构建的，只能靠天才的思辨。他们不仅不愿意进行细致而精确的实验，而且对此十分鄙视。在他们看来，一个中学教师怎么可能会做科学研究呢？大概是神经有些不正常吧。

更有甚者，来自本国的物理学家鲍尔更是别有用心地对欧姆进行攻击，他宣称："以虔诚眼光看待世界的人请不要读这本书，因为它纯粹是不可置信的欺骗，它的唯一目的是要亵渎自然的尊严。"在鲍尔的带头下，一些权威、名流也跟风起哄，他们竟向欧姆身上倾泼污秽之语，以此表明他们的高明，科隆中学的校长一向认为欧姆是"无知、傲慢、固执"的典型人物，现在甚至怀疑他是否有资格教授中学物理。

正当欧姆发表的论文给他带来巨大的痛苦之时，他的朋友，一位名叫斯威格的教授，认识到了其论文的价值，而且还给予了令人振奋的鼓励："请您相信，在乌云和尘埃背后的真理之光，最终会穿透而出，并微笑着驱散它们。"

斯威格的话没有说错，欧姆的理论后来果然像一束强烈而美丽的光芒"穿透而出"。1841年，英国刮起了一场"驱散乌云和尘埃"的风暴。皇家学会将当时科学界的最高荣誉——科普利奖章授予欧姆，以表彰他所做出的杰出贡献，欧姆的工作也就得到了普遍的承认。

欧姆的研究成果在英国得到认可的消息迅速轰动了德国科学界，随之而来的便是各种荣誉和地位像潮水般涌向这位50多岁的孤独老人。1845年，欧姆当选为巴伐利亚科学院院士。1849年底，欧姆在慕尼黑主持科学院物理学术委员会工作，并同时担任慕尼黑大学物理教授。这时，科隆中学自然不再质疑欧姆教授教中学物理的资格，相反，他们以科隆中学曾有这么优秀的科学家而骄傲。

为了纪念欧姆在电学领域的贡献，1881年在巴黎召开的第一届国际电气工程师会议上，决定把电阻的单位命名为"欧姆"。从此，欧姆成为举世公认的科学家。

见此图标
微信扫码

发现万"物"之律
追寻真"理"之光

"导线总有一天会'说话'!"

> 在科学上,每一条道路都应该走一走。发现一条走不通的道路,就是对科学的一大贡献。
>
> ——[美]爱因斯坦

有线电报使用不久,人们就发现,电报是通过导线中电流长短的变化和组合来传递信息的,在使用的时候要先把文字译成电码发送出去,接收以后再将电码译成文字,繁琐的步骤导致使用起来比较费时、麻烦。于是,人们不禁思考能不能再发展一步,让电流直接传播声音呢?

这个想法引起了很多人的兴趣,他们纷纷投入了实验。然而,声音是物体在振动的时候产生的,要想让它在导线中传播，可不是件容易的事情。许多年过去了，尽管人们做过各种各样的尝试，但都未能成功。最终，这个难题被一个年仅28岁的美国青年学者亚历山大·格拉汉姆·贝尔（Alexander Graham Bell，1847—1922）所攻克。

1847年3月3日，贝尔出生于英国苏格兰爱丁堡的一个声学专家的家庭。1871年他移居美国波士顿。1873年贝尔被聘为波士顿大学发声生理学教授。不久后，他辞去教授职务，专门从事电话的研制工作。

贝尔

1875年，贝尔成功研制了第一套实用的电话装置，并于次年获得了电话专利。这一年，他获得了费城万国博览会百年纪念奖证书，并取得了波士顿大学理学博士学位。1880年，法国政府向他颁发了伏特（Volta，1745—1827，意大利物理学家）奖金，并授予他法国荣誉军团成员称号。1882年他加入了美国籍。1922年8月2日，贝尔逝世于加拿大，享年75岁。贝尔一生曾获18种专利，他还和其他人共同获得12种专利。

在美国画家、电报之父塞缪尔·莫尔斯（Samuel Morse，1791—1872）发明有线电报后，贝尔就想，我们既然能利用电信号来传递文字符号，为什么不能用电信号来传递声音呢？因此，他决心研究一种能够传递声音的仪器——电话。

为了弥补自己有限的电学知识，贝尔邀请了电学讲师沃森做自己的助手。

研制电话的首要任务，是将声信号转换成电信号，再将电信号还原成声信号。怎样才能实现这个转换呢？

一天，贝尔在实验中发现，当电流通过线圈被突然截止时，线圈会发出轻微的噪声。这使他联想到：空气能使薄膜振动产生声音。那么如果用电使薄膜振动，人的声音是不是就能通过电流传送出去呢？

贝尔高兴地把自己的想法告诉了几位电学专家，没想到，迎面泼来的竟是一盆盆冷水。一位教授对当时只有 26 岁的贝尔说："你只要多读两遍《电学入门》，你的妄想自然就会消失了。"还有人用轻蔑的口气嘲笑贝尔，说他是"想让导线说话的疯子"。

但贝尔并没有因此退却，他坚信自己的设想是有科学性的，"导线总有一天会'说话'！"

为了早日试验出能通话的仪器，贝尔和他的助手沃森全力以赴地投入工作。贝尔的设计思想基于简单的物理原理：在仪器的发话器端讲话，声音通过金属薄膜振动而使线圈中产生变化的电流，电流沿导线传送到另一端的受话器中，受话器中的电磁线圈在电流产生的磁力作用下使金属薄膜振动，进而使空气振动产生声音。根据这一原理，他很快制造出了两部电话装置。一部设在实验室里，另一部设在相隔二十多米的另一个房间里，两部装置通过导线连接。可在进行通话实验时，他们却失败了。在以后的几年时间里，他们不断改进仪器，反复进行实验。从一开始的沉默无声到渐渐有了"咯啦，咯啦"微弱不清的机器杂音。贝尔相信，只要坚持实验，这机器总有一天会创造奇迹。

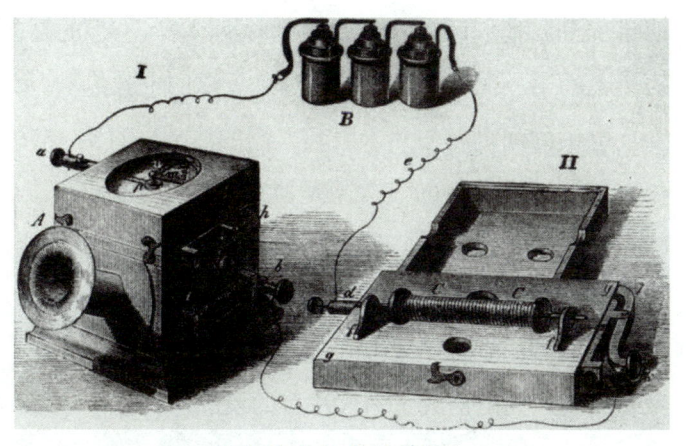

贝尔的电话实验装置

1875年6月2日,贝尔再次调整了实验装置,并向电池里加了些硫酸。由于疏忽,硫酸溅到了他的腿上,贝尔立刻感到一阵火灼似的疼痛,于是大声呼叫:"沃森,快来呀,快!"正在隔壁房内的沃森听到从受话器中传来的声音,先是一愣,当他明白了这是怎么回事之后,便高兴地叫喊起来:"听到了,听到了!"随后大步跑到贝尔的实验室,把刚才发生的事情告诉了贝尔,贝尔竟激动得忘记了疼痛,紧紧地抱住了沃森。

就这样,历史上的第一台电话机被两位年轻人发明了。当时,他们两人的年龄加起来才47岁。有趣的是,历史上的第一次电话通话内容竟是贝尔的求救信号。

电话的问世起初并未引起人们的注意,直到1876年在美国费城举行的一次国际博览会上才引起了人们的兴趣。在博览会上,巴西皇帝在听了贝尔的电话介绍后感到很好奇,于是把听筒拿了起来,在听到听筒里的声音后,他高兴地叫道:"我的上帝,他说话了!"皇帝的叫声使电话成了引人注目的展品。

一百多年来,人们对电话做了很多次改进,电话也越来越受到人们的重视和喜爱。

发明大王

在科学上面没有平坦的大道,只有不畏劳苦沿着陡峭山路攀登的人,才有希望到达光辉的顶点。

——[德]马克思

托马斯·阿尔瓦·爱迪生(Thomas Alva Edison,1847—1931)是美国著名的发明家。在他的一生中,正式向专利局登记的发明就有1300多项,因此,人们称他为"发明大王"。

童年时代的爱迪生,有过一段不愉快的经历。那是在他读小学之时,他的学习成绩极差,几乎每回考试都是全班倒数第一,老师不喜欢他,将他视为"不折不扣的糊涂虫"，短短3个月后，他便停学回家，由当过乡村教师的母亲辅导他学习，教他读书写字。在母亲的悉心教导下，爱迪生的才能逐渐被激发，他对科学实验极为感兴趣。有一次，全家人突然发

爱迪生

现爱迪生不见了，到处找也找不到，直到晚上，才发现他趴在鸡舍旁，肚子下面压了一大堆鸡蛋。他试图用自己的身体来孵出小鸡。

由于家庭生活困难，爱迪生不得不到火车上卖报纸和点心以补贴家用。可是一有空，他便钻到行李车上做实验。有一次，他不慎打翻了装有黄磷的瓶子，引起了一场大火，差点将整个车厢烧掉，随车乘警把爱迪生狠狠地痛打了一顿，导致他的右耳失聪，并把他赶下了火车。没过多久，爱迪生在火车轨道上冒险抢救了一个火车站站长的小儿子，这使他又得到了站

长的青睐，不仅如此，站长还教给他收发电报的技术。爱迪生凭借自己的勤学苦练，仅用了四个月，就成了一名出色的电报师。

"天才，百分之一是灵感，百分之九十九是血汗！"这对爱迪生来说一点不假。在爱迪生的众多发明中，最感人的莫过于白炽电灯的发明。为了寻找适当的材料作灯丝，在一年多时间里，他竟用了1600多种耐热材料来一个个进行试验。在这期间，他每天工作长达20小时，有时甚至连续工作36小时，实在累了就在实验室里躺一会儿。尽管爱迪生付出了巨大努力但依旧没有成功。这时一些人开始冷嘲热讽，说他是"吃

爱迪生在工作

了自己啃不动的东西"。甚至有一个曾经在他那里工作过的物理学家将这个试验比喻为"大海捞针"。但是，爱迪生从未被失败所打倒，他继续坚持试验，下定决心要从大海中捞起这根针来。

功夫不负有心人。1879年10月19日下午5时，爱迪生点亮了用碳化棉作灯丝的灯泡，他亲自观察并记录每一个细节。这一次，灯泡发出的光芒明亮、稳定，1小时、2小时、3小时……灯泡持续亮着，从19日到20日，直到21日下午2时，整整45个小时，灯泡依旧璀璨如初。

45小时还差得远呢！爱迪生的目标是1000小时以上。为了找到适合的材料，他又开始了新的试验。他尝试了麻线、桃木、柳松、钓鱼的线，甚至头发……在一次偶然的机会中，他用竹丝进行实验，效果出人意料的好。他认为竹丝不仅经济而且使用寿命长，具备普及使用的潜力。为了寻找更好的竹丝，他还特地派出了探险队到各地采集竹子。经过数天的尝试和改进，最终他将扁竹条进行炭化后作为灯丝，取得了满意的效果，这种灯泡沿用了10年之久。

在 77 岁那年，有人问爱迪生："您什么时候退休？"他不假思索地说："在我出殡前的那一天！"的确，爱迪生用一生实践了自己的诺言。在他临终之时，还念念不忘要发明创造，为人类的进步贡献更多的力量。

发现万"物"之律
追寻真"理"之光

青年发明家的无畏表现

勇猛大胆和坚定的决心能够抵得上武器的精良。

——［意大利］达·芬奇

（一）

很多事实表明,科学发现和发明的成功与否,并不在于起步的早晚,而是取决于人的努力。有的人虽然起步较晚,但只要不灰心、不气馁,也能后来居上,做出更大的贡献。美国物理学家德·福雷斯特（Lee De Forest,1873—1961）就是其中的一个。

1903年,正当德·福雷斯特研究用真空管检波的时候,有个朋友带来了一个意外的消息:英国物理学家约翰·安布罗斯·弗莱明（John Ambrose Fleming, 1849—1945）发明了代替金属屑检波器的真空二极管。这使德·福雷斯特大为震动。他很羡慕弗莱明的成功，也替自己未能率先突破而感到遗憾。

下一步该怎么走？一连几天，德·福雷斯特都在思考着。他想，既然弗莱明已经打开了突破口，为什么自己不能紧随其后继续深入探索呢？德·福雷斯特意识到，弗莱明的二极管同金属屑检波器比起来，确实有所进步，但是它只能用于检波，不能放大信号。那么，能不能在此基础上再改进一下呢？

德·福雷斯特在他的电子管里封进了第三个电极。这是一片不起眼的锡箔，它的位置在灯丝和屏极之间。乍一看，没有什么特殊的地方。但是，德·福雷斯特惊异地发现：在第三个电极上施加一个微弱的电信号，屏极电流的大小竟然会随之改变，而且这种变化与信号的变化保持一致。他马上意识到，这种现象表明了第三个电极对屏极电流有控制作用。这个发现非同小可，因为只要屏极电流的变化比信号的变化大，那就意味着信号被放大了。而这正是众多发明家梦寐以求的目标。

德·福雷斯特预感到这个发现的惊人价值,他沉住气,毫不声张地继续进行实验。为了提高控制的灵敏度,他多次调整小锡箔在两极之间的位置,他的实验台上堆满了尝试过的真空管。最后他发现用金属丝代替小锡箔的实验效果最好。于是,他用一根白金丝扭成网状,将其装在灯丝和屏极之间。就这样,世界上第一个真空三极管诞生了!

德·福雷斯特在发明真空三极管以后,由于经济拮据,无法继续深入研究,就带着自己的发明去寻找大公司的资助。但他外表不修边幅,穿着破旧,前两家公司连大门都不让他进,看门的人甚至怀疑他是一个行为不轨的人。

德·福雷斯特

当他来到第三家公司时,这里的门卫也把他当成流浪汉,不准他进去。于是德·福雷斯特就向门卫展示自己的新发明并详细解说它的新奇结构、放大特性和应用前景，试图打动门卫。不料，门卫见到他把一个玻璃泡吹得神乎其神的，不由得起了疑心，认为他是个江湖骗子，就去报告了经理。

公司经理听闻后匆忙赶来，他也是个以貌取人的人，看见德·福雷斯特衣着破旧，正举起一个玻璃泡在围着的人群中宣传，心生不满。这时，当他听见德·福雷斯特大声宣扬这个玻璃泡能把电磁波信号放大到连听力不好的人都能听见时，更加断定他是个地地道道的骗子。他不给德·福雷斯特任何解释的机会，便叫来几个彪形大汉，把他连推带拉地送到警察局。

没过多少天，法院就开庭审判。面色憔悴的德·福雷斯特被押上了被告席。审判庭里座无虚席，连好事的新闻记者也赶来了。德·福雷斯特并没有被戴着庄严黑礼帽的法官的气势所吓倒，反而以沉着机智的姿态利用法庭这个公开的讲坛，大力宣传自己的发明，为自己辩解。

法官用手举起一个里面有金属网的玻璃泡，质问德·福雷斯特："你声称自己不是用这种莫名其妙的玩意儿行骗，那你想用它来干什么？"

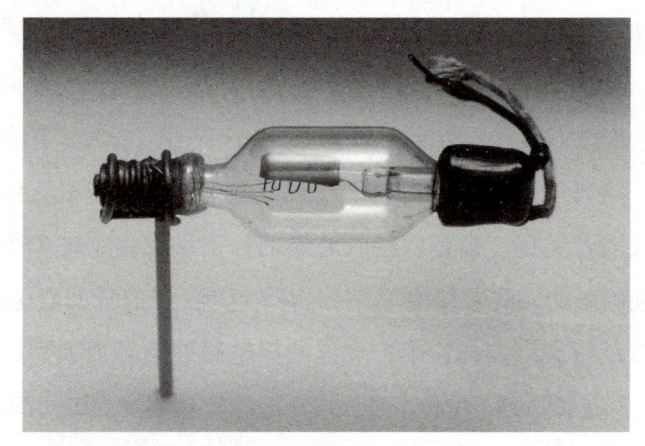

德·福雷斯特的真空三极管

情绪有点激动的德·福雷斯特马上回答："这不是莫名其妙的玩意儿，这是我的新发明。有了它，就可以把大西洋彼岸传来的微弱电磁波放大，进一步增大通信距离。"

"此话当真？你可以实现自己的诺言吗？"法官用怀疑且轻蔑的目光审视着德·福雷斯特。

德·福雷斯特此刻深知语言的辩解已不足以取信于人，唯有实际行动才能证明一切。于是他请求法官，允许他当众利用自己的新发明做无线电实验。

最后，出色的实验不仅赢得了在场观众的阵阵掌声，还使法官们陷入了尴尬的境地。最终他们不得不宣告德·福雷斯特无罪。在离开法庭时，德·福雷斯特还充满信心地对采访的新闻记者说："历史必将证明，我发明了'空中帝国的王冠'。"

青年发明家的斗争终于胜利了。没过两个月，他发明的真空三极管就获得了专利。原来以为他行骗而把他押往警察局的那个公司的经理后来竟用巨资买下了这个专利。

（二）

19世纪末期，在爱迪生的主持下，直流电已经有了相当广泛的应用。不过在实际应用中，直流电有明显的缺点，不仅要花费大量的铜线，而且不能进行远距离输电，每平方英里地区都需要配备一个独立的发电机来供电，经济效益低下。

特斯拉

但由于爱迪生的崇高威望，用户还是接受下来了。

就在这时，有个美国青年物理学家尼古拉·特斯拉（Nikola Tesla，1856—1943）勇敢地向爱迪生发起了挑战。在大学时期，特斯拉就对电学仪器有浓厚的兴趣。大学毕业后，他到布达佩斯的一个电话实验室工作，负责在布拉格和布达佩斯之间建立一条电话线，实现了两地之间的第一次通话。出于对爱迪生的敬仰，特斯拉于1884年从出生地克罗地亚来到美国，投身在爱迪生门下。但是他没有得到重用，只在爱迪生的发电厂里当了个普通技师。面对怀才不遇的困境，特斯拉决定自立门户。他发现输送交流电比输送直流电有显著的优势，于是主张发展交流电。1888年，特斯拉在美国电机工程师学会上宣布了这一主张，并且预言交流电将会在很多方面取代直流电。特斯拉的主张震惊了参加学会的人。当时，工程界对交流电还十分陌生，再加上几起交流电引发的重大伤亡事故导致大多数人都表示怀疑。

为了让人们接受交流电，特斯拉经过认真研究，精心制作了一个线圈（后来人们称之为"特斯拉线圈")。这个线圈可以产生高频率高电压的电流,不过这种高压电的电流极小,不会对人体构成危害。在一次记者招待会上,特斯拉展示了这一装置,他让电流通过自己的身体点亮了电灯,甚至还熔化了电线,令在场的记者们目瞪口呆。这一实验取得了极大的宣传效果。现在我们知道,低频交流电和直流电一样危险,低频高压电就更危险了,所以千万不要随便重复特斯拉的实验。

特斯拉线圈实验

初战告捷,特斯拉信心倍增。他决心要把交流电推广到人们的日常生活中,让所有的人都相信使用交流电比直流电更优越。这一天终于到来了。在1893年的芝加哥世界博览会上，特斯拉用自己研制的12台交流发电机点亮了会场里上万盏五颜六色的电灯，络绎不绝的观众望着辉煌的博览会大厅，赞不绝口。从此，交流电便阔步走入工农业生产和人们的日常生活，发挥它的巨大威力。

见此图标
微信扫码

发现万"物"之律
追寻真"理"之光

"开尔文勋爵"的来历

感谢上帝没有把我造成一个灵巧的工匠。我的最重要发现是由失败给我的启发。

——［英］戴维

1899年9月的一天,英国格拉斯哥大学迎来了新的学期,只见一位两鬓斑白的老人兴致勃勃地和学生们一起走进注册室,在报名单上工工整整地写下"开尔文勋爵,研究生"。学生们见此情景,大为惊讶,更感到迷惑不解:这不是大名鼎鼎的英国物理学家、大西洋海底电缆的创建者威廉·汤姆孙教授吗?这位科学巨匠,已经发表了600多篇论文,获得了70多项发明专利,受到了250多所学校和团体的敬仰,怎么也来学习了？

其实这并不奇怪，只要重新品味一下1896年这位勋爵在格拉斯哥大学为纪念他荣任教授50周年的隆重集会上的答辞，你就会领略到汤姆孙那种在科学上永不满足的谦虚情怀。

威廉·汤姆孙

汤姆孙在答词中说："我坚持奋战五十余年，致力于科学的发展，用一个词可以道出我最艰辛的工作特点，这个词就是'失败'。我现在不比50年前，当我开始担任教授的时候，知道更多关于电和磁的力，或者关于以太，电和重物之间的关系，或者关于化学亲和的性质。在失败中固然会有悲伤，但是，对科学的追求本身蕴含的必要努力也带来许多愉快的斗争，这使得科学家能够避免苦闷，或许还会使他在日常工作中感受到快乐。"

的确，失败在汤姆孙的科学生涯中是常有的事情，但失败只是懦怯者的克星,对于一往直前、无所畏惧的汤姆孙,它却成为了前进的动力。早在16岁时,汤姆孙就在自己的日记本上写道:"科学领路到哪里,我就在哪里攀登不息。前进吧,去测量大地,衡量空气,记录潮汐;去指示行星在哪一条轨道上奔跑,去纠正老皇历,叫太阳遵循你的规律。"瞧,多么豪迈的气概!因此年轻的汤姆孙一踏进科学界,就展现出一股强烈的进取劲头。1858年,他领导建造了第一条大西洋海底电缆。可是,只使用了一个月,电缆就出现了严重的故障,信号变得模糊不清,又过了半个月,电缆完全损坏了。由于在建造过程中,电缆公司耗资数十万英镑,却未能取得商业上的利益,不少股东打起了退堂鼓。他们冷嘲热讽道:"把钱扔到大西洋中,只有傻瓜才会再干!"

不怕失败的汤姆孙却乐观地说:"第一条电缆虽然寿命不长,但它证明了长途海底通信是完全可能的。"他极力主张建造第二条海底电缆,在总经理的支持下,汤姆孙的建议被采纳了。

经过7年的准备,在1865年,第二条电缆要敷设了。汤姆孙异常兴奋，虽然他在五年前因滑倒不慎导致左腿骨折，成了跛子，但他仍然坚持参加远航，亲自指挥施工。6月的一天，"伟大的东方人"号巨轮装载着电缆，徐徐启动。开始时电缆沉放顺利，施工人员仿佛看到了胜利的希望，可当船航行到大西洋中部时，发生了意想不到的大事故：电缆突然折断，坠入近4000米深的海底。沉放失败了。汤姆孙和参加施工的人员只能怀着沉重的心情被迫返航，他们一个个都眼含泪花，心如刀绞。

看到惨重的损失，有人表示惋惜，也有人幸灾乐祸。各种风言风语不断传进汤姆孙的耳中，他选择默默承受。他经常拄着拐杖来到海边，凝望着白浪滔天的大海，陷入了回忆和沉思。

有一天傍晚，总经理费尔特到海边去散步。他远远望见汤姆孙拄着拐杖，面对着大海，傍晚的夕阳映照着他的全身，像一尊古铜色的雕塑。

"教授，您在想什么？"总经理走近汤姆孙的身边，亲切地问道。

"海底电缆！"汤姆孙凝视着大海，回答道。

"是呀，我们已经付出了巨大的代价……"还未等费尔特的话说完，汤姆孙就转过脸来，情绪激动地对总经理说："费尔特先生，只要再造出一条电缆，我保证能够成功！"

"您有把握吗？"费尔特问道。

"我相信大西洋阻挡不住人类的进步！"

总经理看着倔强、自信的汤姆孙，微笑着点点头，他被汤姆孙的精神感动了。

第二年春天，第三条海底电缆终于制成了。

第一条大西洋海底电缆铺设示意图

1866年4月，"伟大的东方人"号巨轮再次启航，这是汤姆孙主持的第4次沉放。有志者，事竟成，这次沉放完全成功。6月中旬，海底电缆的终端在爱尔兰登陆，很快就实现了与美洲的通信，效果很好。永久性的大西洋海底电缆终于完成了，大西洋终于被人类征服了！

因为开辟大西洋海底通信的功绩，汤姆孙获得了极高的荣誉。1866年，他被英国政府封为爵士，1892年又被授予"开尔文勋爵"的封号。

其实，汤姆孙的成就远远不止于此。作为物理学家，他的研究领域广泛，足迹遍及热学、电磁学、流体力学、光学、地球物理、数学、工程应用等多个领域。他是热力学的奠基人之一，建立了热力学第二定律和热力学温度，被誉为"现代热力学之父"；同时，他也是电磁学理论的开路先锋，尽管没有登上理论的顶峰，但为英国物理学家詹姆斯·克拉克·麦克斯韦（James Clerk Maxwell，1831—1879）和德国物理学家海因里希·鲁道夫·赫兹（Heinrich Rudolf Hertz，1857—1894）开辟了道路；他提出的20世纪初物理学上空的"两朵乌云"（第一朵乌云主要是指迈克尔逊—莫雷实验结果和以太漂移说相矛盾；第二朵乌云主要是指热学中的能量均分定理在气体比热容以及热辐射能谱的理论解释中得出与实验数据不相符的结果，其中尤以黑体辐射理论出现的"紫外灾难"最为突出）导致了现代物理学的诞生……所有这些成就，正如汤姆孙自己所说的那样，都是在历经无数失败的磨砺后取得的。

见此图标 微信扫码

发现万"物"之律
追寻真"理"之光

"电学中的牛顿"

聪明的资质、内在的干劲、勤奋的工作态度和坚韧不拔的精神，这些都是科学研究成功所需的其他条件。

——［英］贝弗里奇

物理学家安培是大家非常熟悉的人物。在物理教科书上，电流强度的国际单位"安培"，正是为了纪念他对电学研究做出的重大贡献。

安培是法国物理学家、化学家和数学家。从孩提时代起，他就表现出非凡的智力、出众的数学天赋和惊人的记忆力。他把家中的一切书籍都读了一遍，其中《法国百科全书》是他最喜欢的书籍。但这还不能满足他对知识的渴求，因此他常常光顾他家附近的里昂公立图书馆。在那里，他接触到了欧拉（Euler，1707—1783，瑞士数学家）和伯努利的数学著作，尽管这些书是用他当时看不懂的拉丁文写成的，但他还是从图书馆借走了这些书籍。令人惊讶的是，仅仅几个星期，安培就学会了艰涩难懂的拉丁文，并开始深入阅读欧拉和伯努利的数学著作。据安培自己回忆，他的所有数学知识在 18 岁的时候就已经基本学完了。

年轻时的安培曾遭遇过重大打击，他的父亲因为法国大革命被无辜处死。这使得他在一年多的时间里都精神萎靡。幸运的是他身边有一群志同道合的朋友，他们在一起探讨历史、旅行、诗歌、哲学以及自然科学。通过与朋友们的交往和通信往来，安培逐渐恢复了内心的平静，对科学问题的思考也更加专心致志了。

安培取得的成就主要

安培

归功于他的自学。1808年他担任法国帝国大学总学监，1809年成为巴黎工业大学数学教授，1814年当选为法国科学院院士，1824年担任法兰西学院实验物理学教授，1827年当选英国皇家学会会员。安培在物理学领域的主要贡献集中在1820年至1827年，这期间他全身心地投入到了电磁学的研究中。

1820年，丹麦物理学家汉斯·奥斯特（Hans Christian Ørsted，1777—1851）的"电流的磁效应"实验成功地将磁学和电学联系起来，开创了一个全新的学科领域——电磁学。这一发现轰动了整个欧洲，法国科学界也为之震撼。在当时的科学认知中，引力、电和磁的吸引与排斥都是直线推拉性质的，而奥斯特

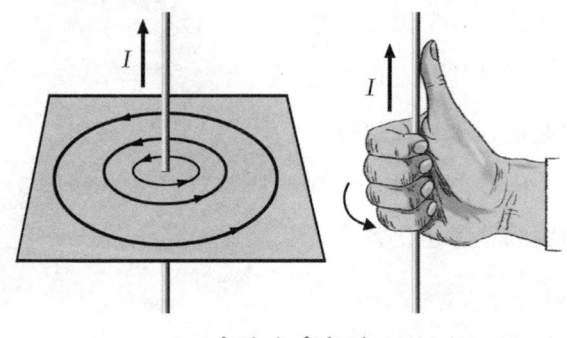

安培右手定则

发现的却是一种旋转力，这个现象让法国牛顿学派的物理学家感到迷惑不解。因为在他们看来，一切力都是超距作用，并且遵循牛顿的距离平方反比定律。

但是，在科学上极其敏感且乐于接纳新知的安培对此作出了异乎寻常的反应。1820年9月11日，他的好朋友阿拉果在法国科学院介绍奥斯特发表的论文，在场的安培听到后显得十分兴奋。不到一个月他就运用自己高超的数学才能，对奥斯特的发现提出了一个完整的定量理论！这一事实在1820年9月25日，安培写给儿子让-雅克的信中得到证实。信中，安培这样描述道：

"我生活中的每一时刻都被一个重大事件占据着。从我第一次听闻哥本哈根的奥斯特关于电流对磁针作用的精彩发现后，我就一直在思考。我已提出了一个有关这个现象和其他一些已知磁铁现象的详细理论，并试图根据这一理论做实验。所有这一切都成功了，而且还向我揭示了一些新的事实。上星期一，我宣读了文章的开篇部分，接下来的几天里，我有时和菲涅耳（Fresnel，1788—1827，法国物理学家）一起，有时和德普雷一起，做了验证性的实验。星期五，我又在泊松（Poisson，1781—1840，法国数学家、物理学家）家里重复了所有的实验。……一切都获得了奇迹般的成功，但我设想的最终决定性实验，还需要有两个大的伽伐尼电堆。当我在家里和菲涅耳一起做实验时，因为电堆太弱没有成功。昨天我从迪隆那里得到了允许，从杜莫蒂埃那里购得一个为大学物理课建造的大型电堆。我在杜莫蒂埃家里成功完成了这个实验，今天4点我在科学院会上又再次演示了这个实验。这次没有人提出任何反对意见。现在，我们有了一个新的磁学理论：它把一切磁现象都归结为电流的作用。"

在以后的几个月内，安培完成了他的理论，提出了著名的"安培定律"。这一定律指出，电流间相互作用力的规律与牛顿万有引力定律一样，符合距离平方反比性质。安培定律的发现，推动了物理世界统一图景的形成。他还提出了研究动电的理论，称之为"电动力学"。后来，麦克斯韦在评价安培的研究成果时，称赞安培为"电学中的牛顿"。

作为著名的物理学家，安培还有一些逸闻被后人广为流传：

追赶马车

一天，安培在街上行走，走着走着，突然脑海中闪出了一个电学问题的算式，他见到前面有一块"黑板"，于是就拿出随身携带的粉笔，在上面运算起来。此时"黑板"向前慢慢移动，可安培此时专心致志并没有发现，于是他一边跟着"黑板"走，一边继续计算着。渐渐地，这块"黑板"移动得更快了，他也跟着跑了起来。马路上的行人看到安培的样子立刻喧闹起来，有人向他喊叫，有人拍手大笑，但他都没有感觉到。最后，安培实在跑不动了，才气喘吁吁地停了下来，他抬头一看才发现，原来这不是什么黑板，而是一辆两轮马车。他望着写满的数学公式渐渐远去，懊丧地叹了口气："唉！可惜没有推导完。"

安培先生不在家

有一次，安培为了完成一项实验，一连十几天闭门不出。为防止客人来访打扰他的研究,他特意在自己家的门上贴了张字条:"安培先生不在家。"这样,来找他的人看到字条便返回了。一天,安培自己外出办事回来,边走边思考问题,看到门上的那张字条,便自言自语道:"啊,原来安培先生不在家!"于是,便转身走了。安培离开没多久,随即想起是自己贴的字条,然后他就笑着摇了摇头回家去了。

发现万"物"之律
追寻真"理"之光

电和磁见面了

物理学所面临的困难将迫使物理学家比其前辈更加深入地去探讨和掌握一些哲学问题。与其说我是物理学家,不如说我是哲学家。

——[美]爱因斯坦

18世纪末19世纪初,德国自然哲学学派提出的"自然力是统一的"思想对物理学的研究产生了深远影响,尤其是德国哲学家伊曼努尔·康德(Immanuel Kant,1724—1804)的关于基本力及其向其他各种力转化的哲学思想,激发了很多科学家对电和磁统一性的研究兴趣。

当时,关于电和磁的关系存在着两种不同的观点:

一种以库仑为首,他们认为电现象和磁现象虽然极为相似,但电就是电,磁就是磁,它们本质上是不同的,并不存在某种内在联系;另一种以英国物理学家亨利·卡文迪许(Henry Cavendish,1731—1810)为代表,他们认为电和磁存在着这么多相似的地方,这绝不是偶然的,它们之间可能会有某种联系,但谁也拿不出实验证据来加以证实。

那么,电和磁之间到底有没有联系呢?这个问题终于在 1820 年由奥斯特通过实验得到了解答。

奥斯特

1777年8月14日，奥斯特出生于丹麦一个小镇上的药店商人家庭。奥斯特在小时候受到过良好的教育，12岁时在店里帮他父亲做事，这段经历激发了他的科学兴趣。随后他在哥本哈根大学学习医学、物理学和天文学，并于1806年任哥本哈根大学物理学、自然哲学教授。

奥斯特深受德国哲学家康德等人关于各种自然力相互转化的哲学思想的影响，他的学术研究中始终贯穿着自然界各种现象相互联系的观念。早在1803年，他就说过物理学将不再是关于运动、热、空气、光、电、磁以及我们所知道的任何其他现象的零散罗列，而应将整个宇宙容纳在一个体系中。奥斯特从这一观点出发，坚信电和磁之间应该有某种联系。他还从美国科学家富兰克林用莱顿瓶放电磁化铁块的实验中受到很大启发，更加坚定电磁转化是可能的，关键是要找到实现这种转化的条件。为什么库仑认为电磁之间不可能转化呢？奥斯特仔细分析了库仑的实验，发现库仑的实验全是在静电和静磁条件下做的，确实不可能转化。他又想起了雷雨天打雷闪电时，小磁针会产生摆动的现象，那是因为有闪电电流的作用，因此奥斯特猜想，如果能给出一种非静电、非静磁的条件，结果又会怎样呢？

从1819年到1820年冬季，奥斯特除了讲课，其余时间大多投入到研究电磁的关系上。1820年4月的某一天晚上，就在讲课快要结束之时，奥斯特突发灵

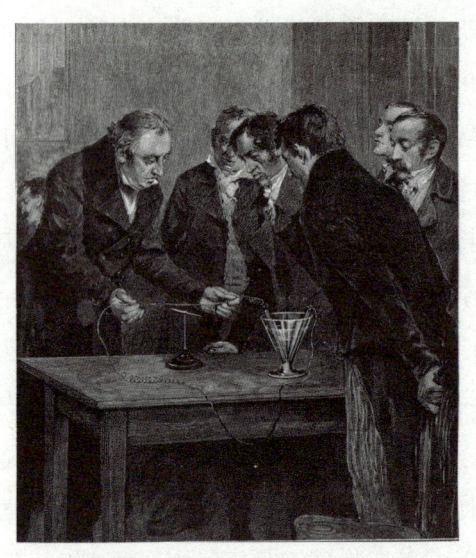

奥斯特正在演示电流的磁效应

感，说："让我们把导线与磁针平行放置来试试看。"于是，他利用讲台上的讲课器材，抱着试试看的心态，

又做了一次实验。实验的器材很简单，只有简单几件东西：一个用作电源的伏打电堆、一段金属导线和一根小磁针。

就在接通电源的瞬间，奇迹发生了！小磁针跳动了一下。这一跳，使奥斯特几乎在讲台上失态，而台下的学生还不知道发生了什么事情。课后，奥斯特留在教室里，准备再次用实验来确认小磁针刚刚发生的异常现象。他首先想到可能是由于电流使导线发热，从而产生空气流动使磁针运动。他把一块硬纸板放在导线和磁针之间，以隔绝可能产生的空气流动。然而实验结果仍是磁针转动，这就排除了空气流动的作用。接着他又尝试将伏打电堆的极性反转，使导线中的电流方向相反。他好奇地观察着磁针的反应，结果磁针也相应地向相反方向转动。这使他确信磁针与电流之间存在着相互作用，并且磁针的指向与电流的方向有关。

在接下来的3个月里，奥斯特又进行了反复实验和研究，最终在1820年7月21日用拉丁文发表了题为《关于电流对磁针的效应的实验》的论文。这篇仅4页纸的实验报告，正式向科学界宣告了"电流的磁效应"。奥斯特的实验开创了把磁学和电学联系起来的"电磁学"。

这是一项惊人的重大发现。法国《法学和物理学年鉴》杂志发表奥斯特论文的时候，还特地加了这样一段编者按语："年鉴的读者都知道，本刊从不轻易刊登宣称有惊人发现的报告，到现在我们都因为能够坚持这一原则而自豪。至于奥斯特先生的文章，它所提到的结果无论多么令人难以置信，但有极详细的记录作证，以至于不能有任何怀疑。"

奥斯特成名后受到国人的热捧和膜拜。我们知道的丹麦大文豪安徒生就是其中的一位。1821年的某一天，16岁的安徒生慕名拜望奥斯特，受到奥斯特的热情接待。此后，安徒生经常到奥斯特家中做客，几乎每周都去拜访。1829年，安徒生报考哥本哈根大学时，恰巧奥斯特是学校的主考官。在哥本哈根大学，奥斯特因为喜欢文学，对安徒生赏识不已，另爱有加，他们经常在一起唱诗和文，遂成莫逆之交，成为科学史上著名科学家和著名文学家交往的一段佳话。

后来，为了纪念奥斯特的功绩，国际科学界在

1934年将磁场强度的单位命名为"奥斯特"。此外1937年美国物理教师协会还专门设立了"奥斯特奖章",旨在表彰在教学方面取得成绩的优秀物理教师。在丹麦的哥本哈根市中心,还建有奥斯特公园,公园内矗立着奥斯特塑像,以此向这位伟大的科学家致敬。

"力线"改变了世界

小草,你步调固然细微,但你脚步下却拥有地球。

——[印度]泰戈尔

1812年的那个冬季,拿破仑的军队在俄罗斯平原遭到溃败,与此同时一个21岁的小伙子来到英国伦敦皇家学院,要求和大名鼎鼎的英国化学家汉弗里·戴维(Humphry Davy,1778—1829)院长见面。他拿出自己随身携带的一个精美笔记本递给门卫,声称里面记录的全是戴维院长的讲演内容。门卫虽然看不懂,但很好奇,不仅没有阻拦,还很热情地把他带到了戴维院长的面前。

这位年轻人就是日后享誉世界的英国物理学家迈克尔·法拉第（Michael Faraday，1791—1867）。

1791年9月22日，法拉第出生在英国伦敦的一个普通家庭，他的父亲是一个铁匠。13岁那年，他去了一家书报店当学徒，在那里他勤学好问，还有幸获得了戴维讲演的听讲证。书报店里的书籍和戴维讲演的内容，如同火种点燃了法拉第的求知欲望。

法拉第

当法拉第站在戴维院长面前时，他那股意气风发的劲头让戴维印象深刻。简单面试后戴维就收下他作为自己的助手。

1813年，戴维夫妇计划去欧洲大陆旅游，法拉第作为助手负责为他们打点行程。这次长达18个月的旅程，让法拉第大开眼界。他见到了许多著名的科学家，如安培、伏打、阿拉果、盖－吕萨克（Gay-Lussac，1778—1850，法国化学家）等，这些人都是他仰望的偶像。法拉第的朴实和才华很快赢得了他们的青睐，从此他们建立了友谊，并保持了长久的书信往来。

在皇家学院从事科学研究工作，在法拉第看来是一个极大的荣耀。他的一生都在那里度过，将青春与热情都奉献给了那片科学的圣地。他为人淳朴、温和、待人谦恭亲切。在他看来，皇家学院的木头、导线和铁片，都足以让他作出最伟大的科学发现。他对科学充满热情。作为戴维的得力助手，法拉第全力配合戴维开展皇家学院的研究工作，深得戴维的赏识。不久他就被戴维提拔为实验室主任。在皇家学院经济困难时期，法拉第组织创办了一个定期的"星期五晚讲座"，他凭借自己高超的讲演技巧，与人们分享自己对科学追求的热爱，吸引了无数粉丝，这个讲座直到现在还在皇家学院传承着。法拉第还关注儿童的教育，他在圣诞节期间专门为儿童开设的《蜡烛的化学史》已被翻译成多种文字，在世界各地广为流传，影响了一代又一代青少年，至今还在流传着。

然而，法拉第最为世人称颂的还是他在电磁学领域的贡献。作为经典电磁学理论的奠基人之一，他发现了电磁感应定律，并对电磁相互作用做出了具有划时代意义的解释。

1820年，奥斯特发现了电流的磁效应。几个月后，安培经过研究顺利地得出了电流作用力的数学公式。

相比之下，法拉第就没有安培那么顺利。他是一个自学成才的实验大师，数学对他来说望尘莫及。从1821年开始，他着手研究奥斯特的发现，为此冥思苦索了10年之久。10年之间，他做了许多次实验，还制成了世界上第一台电动机。但更有意思的是，他形成了自己对电与磁的一个奇特的认识——用"力线"来描述电磁现象。在法拉第的脑子里，这些力线仿佛就是真实存在的，他通过"感受"力线的疏密、弯曲程度和方向来描述电磁之间的相互作用态势。在这个方面，他与牛顿、安培等人的"超距作用"思想显然是不同的。他在自己的笔记中写道：

"如果一个实验工作者认为磁力线代表了磁力，但却不利用铁屑做实验，那么这将是有意或无意中抛弃

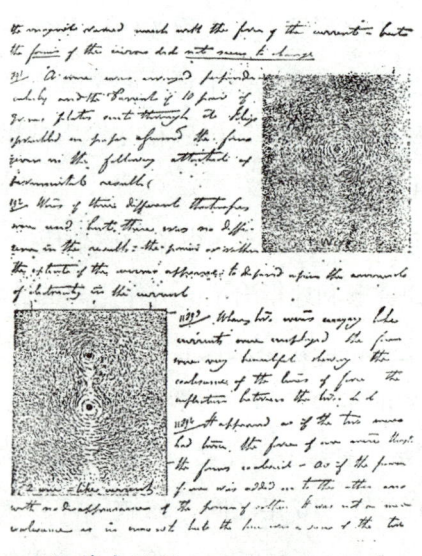

法拉第实验笔记上的"磁力线"

了最有价值的帮助。利用铁屑,他可以使得力的许多状态,甚至在复杂情况下都能立即看出来;他可以追踪力线方向的变化,确定相对极性;可以观察到力在什么方向上增强或减弱;可以确定复杂系统中既没有极性,也没有力的中性点或中性区域,甚至当它们出现在强大的磁铁中时也能办到。利用铁屑做实验,可以立即看到结果,而且可以对未来的重要实验提供有价值的启发。"

机遇总是青睐那些有准备的人。这一天终于来了，那是1831年的一个火热的夏天。这一天，法拉第在一个铁环上分别绕上两匝铜线，他把一匝通上电流，另一匝接上电流计。奇迹发生了！当他断开或接通电流的瞬间，另一匝上的电流计转动了！而在接通后或断开后的稳定状态下电流计都安然无事，没有发生转动。法拉第反复实验，结果都是如此！这让他惊喜不已。

这是什么原因呢？法拉第想到了自己提出的"力线"概念。1831年9月底，他对电磁感应现象有了明

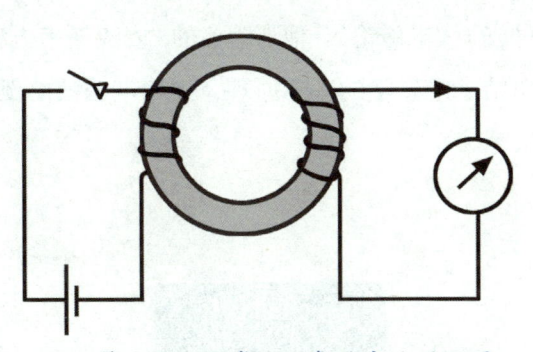

法拉第发现电磁感应现象的实验原理图

确认识和实验证明。他抓住了产生电流的关键点：导线必须切断，只有切断磁力线才会产生电流！在接通或断开的瞬间不正是也切断了磁力线吗？法拉第终于

揭开了感应电流产生的秘密。他又用自己获得的结论来研究阿拉果发现的"在磁针下面迅速转动的铜盘使磁针转动",由此发明了世界上第一台发电机。在现在的英国皇家学院,我们还能看到法拉第制造的原始电动机、发电机和变压器,它们都是现代电力工业必备的最基本设备。

法拉第的这一划时代发现,彻底改变了科学家对电磁相互作用的认知。后来,麦克斯韦深入研究了法拉第的《电学实验研究》,提出了电场和磁场概念,之后又写成了《电磁论》。他那著名的"麦克斯韦方程组"不仅总结了电磁学的基本原理,更为电磁波的诞生埋下了伏笔。

"写出这些符号的是上帝吗?"

天下大事,必作于细。

——老子

开篇之时,先带大家做一个"思想实验"。这种实验是物理学家们根据研究的物理问题通过想象设计出

"麦克斯韦妖"思想实验

来的，虽然无法在现实中实现，但它有时候能帮助解决问题，产生新的发现；而有时候也可能引发新的问题，令物理学家们感到困惑。接下来请看下面的这个"思想实验"：

想象我们有一个绝热容器，它被分成相等的两格，中间设有一扇小"门"，这扇"门"由一只能够识别分子速度的"妖"来控制。容器中的空气分子作无规则热运动时会向门撞击，此时"妖"可以选择性地将速度较快的分子放入一格，而较慢的分子放入另一格，最后，其中一格的温度就会比另外一格高。这样我们就可以利用此温差来驱动热机做功了。

初看起来，这个"思想实验"没有问题。但细细品味不难发现——这不就是传说中的"永动机"吗？那问题究竟出在哪里

青年时代的麦克斯韦

呢？答案很明显，关键在于这个"妖"！直到20世纪50年代，美国数学家、信息论的创始人克劳德·艾尔伍德·香农（Claude Elwood Shannon，1916—2001）提出"信息熵"的概念，并用于耗散结构，才彻底揭开了这个"妖"的神秘面纱！

那么这个"妖"是谁构想出来的呢？他就是大名鼎鼎的麦克斯韦！这个"妖"也因此被世人戏称为"麦克斯韦妖"。

言归正传，下面来为大家介绍麦克斯韦。

如果说，法拉第是19世纪最伟大的实验物理学家，那么，麦克斯韦就是最伟大的理论物理学家。为什么这样说呢？因为他是经典电磁理论的奠基人，同时也是热力学和统计力学的创建者之一。更值得一提的是，他还亲手创建了卡文迪许实验室，并担任首任主任。这个实验室被誉为诺贝尔奖获得者的"摇篮"，培养了一代又一代的杰出科学家。1873年，他那部标志着经典电磁理论大厦已经巍然耸立起来的巨著《论电学和磁学》问世了，这是一部可以与牛顿的《自然哲学的数学原理》相媲美的书。在这部著作里，他写出了著名的"麦克斯韦方程组",并大胆地预言了电磁波的存在。这一预言在当时引起了巨大的轰动,奥地利物理学家路德维希·爱德华·玻尔兹曼(Ludwig Eduard Boltzmann,1844—1906)在惊叹"麦克斯韦方程组"时引用德国著名诗人约翰·歌德(Johann Goethe,1749—1832)的话说:"写出这些符号的是上帝吗?"令人可惜的是,麦克斯韦在48岁时就去世了,没有亲眼见证自己的理论得到实验证实。幸运的是,7年后的1886年10月,一直在为麦克斯韦理论寻找证明的德国青年物理学家赫兹终于通过实验找到了电磁

麦克斯韦和他的"麦克斯韦方程组"

波，并证实了电磁波以光速传播！从此，麦克斯韦的电磁理论取得了决定性的胜利，物理学理论也因此实现了"第二次大综合"。自此人们不再怀疑电磁波的存在，而开始探索它的潜在应用前景。毫不夸张地说，电磁波的广泛应用彻底改变了我们人类的世界！

1831年6月13日，麦克斯韦出生在苏格兰古城爱丁堡。说来也巧，正是这一年法拉第发现了电磁感应现象。小时候的麦克斯韦对自然充满了好奇心。在爱丁堡读书时，他的各科成绩都很优秀，年仅15岁的他寄给爱丁堡皇家学会一篇关于用几何方法画卵形线的文章，不久就发表了。除了学术上的造诣，他的语文成绩也非常好。他爱好写诗，经常通过写诗来表达自己的情感，这一爱好伴随了他的一生。他在实验室喜欢拨弄各种仪器，做起实验来也非常娴熟。在我们现在看来，麦克斯韦就是一个妥妥的"学霸"。为了培养好自己的儿子，麦克斯韦的父亲专程登门拜访私交笃深的剑桥大学数学教授詹姆斯·汤姆孙（威廉·汤姆孙的父亲）。在詹姆斯·汤姆孙的推荐下，麦克斯韦来到了剑桥大学彼得学院学习，师从著名的数学教授霍普金斯。这个霍普金斯教授也是威廉·汤姆孙的导师。在这里,威廉·汤姆孙成了麦克斯韦的良师益友,历史也再次见证了他们两家人的世交情谊。

麦克斯韦在电磁理论领域取得的巨大成就得益于法拉第和威廉·汤姆孙。威廉·汤姆孙在研究中运用的数学方法和类比思维方法,为麦克斯韦研读法拉第的《电学实验研究》提供了宝贵的启示。麦克斯韦在《论电学和磁学》的序言中写道:

"我在开始研究电学之前,就已决定不读完法拉第的《电学实验研究》,我决不阅读电学的数学书籍。我深刻地感觉到,法拉第思考电学现象的方式与数学家的方式是有所不同的,因而不论是他或者数学家们,都不满意对方使用的语言。我还认为,这种分歧并不是来自哪一方的错误。威廉·汤姆孙的见解使我坚信了这一点,我所学到的大部分电学知识,得益于他的指教和帮助,还有他发表的论文。

"随着我对法拉第的研究日益加深,我渐渐领悟到他思考电学现象的方法其实也是数学方法,尽管没有用通常的数学符号表示。我还发现,这些方法也可以用普通的数学式表示,从而能够与专业数学家的方法进行有效的比较。

"例如,在法拉第的心中,在数学家认为存在超距吸引力中心的空间内,他却看见有力线通过。法拉第看到的是媒质,而他们看到的却只是距离,没有其他东西。法拉第找出现象的所在是媒质内发生的真实作用,而数学家则满足于认为现象是对电流的超距作用力。

"当我尝试将法拉第的思想转化为数学语言后,我发现两者的结果在很大程度上是一致的。它们可以解释相同的现象,导出相同的作用定律。但法拉第的方法更倾向于从整体出发,然后用分析法得到各个部分的结果;而传统的数学方法通常是从部分开始,然后用综合法构建整体的原理。

"我还看到,数学家发现的一些最富有成果的研究方法,用来自法拉第的思想表示,会展现出更加优美的形式。"

确实,我们今天看到的麦克斯韦方程组已被物理学家们奉为科学美的典范。劳厄更是称赞其为"美学上真正完美的对称形式"。在今天,崇尚和追求科学美已成为现代科学精神中一个极其重要的组成部分。

麦克斯韦的一生虽是短暂的，但在这短暂的一生中，他涉足电磁理论、统计力学、光学等方面的研究。在统计力学领域，他也取得了伟大的成就。他是气体分子动理论的创始人之一，1859年他首次用统计规律得出麦克斯韦速度分布律，从而找到了由微观量求统计平均值的更确切的途径。麦克斯韦是运用数学工具分析物理问题和精确地表述科学思想的大师，他非常重视实验，由他负责筹建的卡文迪许实验室，在他和以后几位主任的领导下，发展成为一个举世闻名的学术中心。他还有一套独特的研究方法：在面对一个问题时，他总是先把思考的结果记下来，然后转而研究另一个问题，可能有时候研究很长一段时间。几年后当他又重新回到先前的问题时，往往能获得全新的视角和更深入的理解。

在物理学史上，麦克斯韦与伽利略、牛顿和爱因斯坦一样名垂青史。量子学说的创立者、德国物理学家马克斯·普朗克（Max Planck，1858—1947）这样赞美麦克斯韦："麦克斯韦的光辉名字将永远镌刻在经典物理学的门扉上,永放光芒。从出生地来看,他属于爱丁堡;从个性来看,他属于剑桥大学;从功绩来看,他属于全世界!"

见此图标
微信扫码

发现万"物"之律
追寻真"理"之光

终于找到电磁波了

多少事,从来急;天地转,光阴迫。一万年太久,只争朝夕。

——毛泽东

麦克斯韦方程组的一个重要结果,就是预言了电磁波的存在。然而自问世之日起相当长时间内,这一理论并未得到普遍的认可,不少学者都对这个未经证明的新理论表示怀疑,尤其是麦克斯韦提出的"位移电流"概念,让他们觉得很奇怪,加上当时不少人还不习惯用"场"来思考问题,这使得通过实验去寻找电磁波存在的证据就成了物理学家们研究的课题。在这方面,赫兹做出了杰出的贡献。

1857年2月22日，赫兹出生在德国汉堡一个富裕的犹太家庭。父亲是汉堡市的一名大律师（后来成为参议员），赫兹是家里最大的孩子，他还有3个弟弟和1个妹妹。在当时对犹太人有所排斥的德国社会中，赫兹的父母希望通过受到良好的教育让子女们获得大学教授的职位，以提高家庭的社会地位。

赫兹

赫兹从小就表现出过人的天赋，在充满竞争的学校里，他总是班上的第一名。15岁那年，为了准备大学入学考试，他离开了就读的威查德·兰格私立学校，在家专门学习大学必考的希腊语和拉丁语。父亲为他请来了德国著名的语言学专家雷德斯洛教授。在雷德斯洛的指导下，赫兹很快就能背诵希腊文的《荷马史

少年时代的赫兹

诗》和意大利文的但丁《神曲》，并且还能用阿拉伯语学习其他课程。

17岁时，赫兹又来到约翰尼姆学校复习准备大学考试。一年后，当他考试通过时，却改变了主意。由于不愿在经济上依赖富有的父亲，他独自去了法兰克福，跟着一个建筑师当学徒。可没过多久，赫兹就放弃了自己的建筑师梦想，跑回德累斯顿学习工程学。

几个月后，赫兹应征入伍，服役一年。退役后，赫兹搬到了慕尼黑，又继续学习工程学。几经折腾的赫兹在这期间开始对自己的未来产生了怀疑。在给母亲的信中,他写道:"日复一日,我逐渐觉得自己在这个世界上没有一点用处了。"

庆幸的是,此时 20 岁的赫兹并没有颓废下去。他意识到自己的学习兴趣并不在工程学上,于是写信给父亲请求转向物理学的学习。得到父亲同意后,他便通过自己的努力以优异成绩考入柏林大学,师从著名的德国物理学家赫尔曼·冯·亥姆霍兹(Hermann von Helmholtz,1821—1894)。

亥姆霍兹是麦克斯韦电磁理论的支持者之一。1878 年夏季,亥姆霍兹向学生们提出了一个有奖竞赛的题目,即用实验方法寻找电磁波,以验证麦克斯韦的电磁理论。亥姆霍兹经常通过这样的方式来鼓励和激发学生们的探索精神,赫兹从中也学会了如何将自己非凡的分析能力与出色的实验才干相结合。为了给麦克斯韦的理论寻找证据,他曾发表过一些理论文章。在研究中,赫兹确信电磁波是存在的,但要解决的一个关键问题,即如何找到一个产生高频电磁振荡的方法。

1886 年 10 月,已经担任卡尔斯鲁厄理工学院教授的赫兹在做一个放电实验时，偶然发现在放电过程中，附近的一个线圈也发出了火花。赫兹敏锐地意识到这可能是电磁共振。于是，从10月25日起，他进行了一系列实验来验证麦克斯韦的电磁波理论。

他设计了一个电磁波发生器，由两块锌板和连接着铜球的铜棒组成，两个铜球之间距离很近。两根铜棒分别与高压感应圈的两个电极相连，感应线圈产生的高电压使两个铜球间产生火花电流。电荷通过火花电流在锌板间产生高频的振荡。如果麦克斯韦的理论是正确的，此时就会产生电磁波。

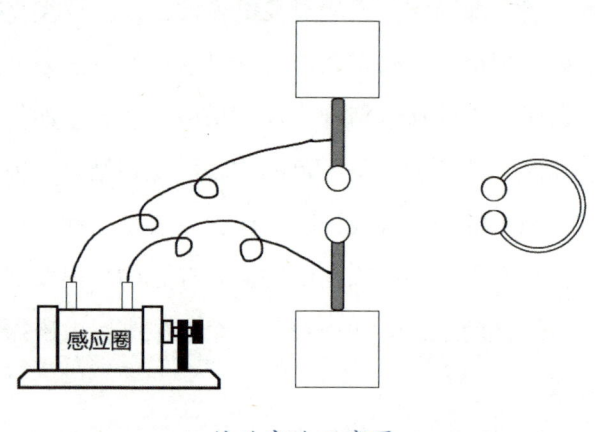

赫兹实验示意图

为了探测电磁波，赫兹又设计了一个接收器，由一根两端装有铜球、弯成圆形的电线组成，两个铜球间留有一个小空隙。把接收器放在发生器的附近，如果有电磁波传到那里，则这个圆形电线上的两个铜球间就会因为产生感应电压而出现火花电流。为了慎重起见，赫兹在一个暗室中进行实验。

果然，在实验中，赫兹亲眼看到了接收器的两个铜球间产生了微弱的火花电流！这不就是电磁波存在的直接证据吗？

1887年11月5日，赫兹把自己的这一重要发现写入《论在绝缘体中电过程引起的感应现象》一文，并寄给他的恩师亥姆霍兹。

接着，赫兹又通过其他实验，证实了电磁波具有类似光的特性，能够发生反射、折射、衍射、偏振等现象。还证实了在直线传播时，电磁波的传播速度与光速有相同的数量级。1888年1月，他把这些研究成果记载在《论动电效应的传播速度》一文中。后来，赫兹还进一步完善了麦克斯韦方程组，使其表达更加优美、对称，也就是麦克斯韦方程组的现代形式。

发现电磁波不久后,赫兹还观察到了现在被称为"光电效应"的现象。这一现象后来成为经典物理学和量子物理学的一个联络点。当时,他无法解释这一现象,但若干年后,爱因斯坦成功解释了这一现象,并因此获得了1921年度诺贝尔物理学奖。

赫兹发现的电磁波具有划时代的意义,不仅给麦克斯韦的电磁场理论提供了有力的证据,而且也为人类利用无线电奠定了重大的实验基础。至此,麦克斯韦的理论取得了决定性的胜利,被人们公认为"牛顿以后最伟大的数学物理学家"。

然而,关于电磁波,赫兹也有遗憾的时候。

1889年,当科学家们考虑利用电磁波传递信息时,赫兹却对此表示怀疑。他认为要实现利用电磁波进行无线电通讯,需要一面和欧洲大陆面积差不多的巨型反射镜。他甚至还断言电磁波没有任何实用价值。这种对技术的轻视和对应用的偏见,使他失去了为人类做出更大贡献的机会。尽管无线电通讯已经触手可及,他却未能预见到它的潜力。

赫兹的一生是非常短暂的。1894年1月1日,年仅 37 岁的赫兹因败血症在波恩去世。1930 年，国际电工委员会为了纪念赫兹，将他的名字定为频率测量单位。1960 年，国际计量大会正式确认"赫兹"为国际单位制中频率的单位。

见此图标
微信扫码

发现万"物"之律
追寻真"理"之光

承上启下的物理学巨擘

世界上最宽广的是大海,比大海更宽广的是天空,比天空更宽广的是人的胸怀。

——[法]雨果

1897 年,英国物理学家 J.J. 汤姆孙(Joseph John Thomson,1856—1940)发现了电子,这一事件深刻改变了人类对物质结构的认识,原子不再是坚不可摧、不可分割的最小微粒,组成物质的最小微粒必须是像电子那样的基本粒子。不仅如此,对物质结构的探索不再局限于分子和原子理论框架,而是转向从电子等基本粒子的电磁相互作用性质来认识。

在物理学的这一发展进程中,荷兰物理学家亨德里克·安东·洛伦兹（Hendrik Antoon Lorentz，1853—1928）起到了关键作用，是他创立了崭新的经典电子论。

让我们把事情捋一捋。

洛伦兹出生于荷兰东部城市阿纳姆，是一个苗圃工人的儿子。他的母亲在他很小的时候就去世了。洛伦兹从少年时就对物理学十分感兴趣。他成绩优异，学习能力出众，不仅酷爱物理学，还广泛地阅读历史书籍，并且在语言学习上有很高的天赋，能流利地利用法语、英语和德语与人交流，这不仅为他的科学研究带来了重要的支持和帮助，也使他成为最具国际影响力的物理学家。1870年，洛伦兹凭借优异成绩考入莱顿大学，学习数学、物理和天文。在此期间，洛伦兹

洛伦兹

研究麦克斯韦和菲涅耳的著作,并于1875年完成了他在莱顿大学的博士论文《关于电磁波的折射和反射问题》。在这篇论文中,我们可以找到他把电学重新表述为"电子理论"的起源。他的研究建立在这样一些简单的假设上:电磁场由"原子电荷"产生,存在于空的空间内,二者互相作用;在电磁场内只有一个电场矢量和一个磁场矢量;物质的原子结构具有"电性质"。

1878年,洛伦兹被任命为莱顿大学理论物理学教授,这是荷兰第一次设立这样的职位。在长达35年的教学和研究生涯中,他几乎把全部时间都用来研究各种物理问题。除了电子论外,他还研究过热力学和统计力学。1892年,洛伦兹基于他的"电子论"研究又发表了论文《麦克斯韦电磁学理论及其对运动物体的应用》,在这篇论文中他提出了一切物质分子都含有"电子"的观点,并认为电具有"原子性",电本身由微小的实体组成,阴极射线的粒子就是电子。洛伦兹以电子概念为基础来解释物质的电性质,并推导出运动电荷在磁场中要受到力的作用,即我们现在熟知的洛伦兹力。他把物体的发光解释为原子内部电子的振动。

当光源放在磁场中时，光源的原子内电子的振动将发生改变，使电子振动频率增大或减小，进而使光谱线发生增宽或分裂。

1896年10月，洛伦兹的学生彼得·塞曼（Pieter Zeeman，1865—1943）发现，在强磁场中钠光谱的D线有明显的增宽，即产生塞曼效应，这一发现证实了洛伦兹的预言。洛伦兹把以太（以太一词来源于亚里士多德，是他所设想的一种物质；在科学史上，它成为物理学家赖以思考的假想物质；19世纪的物理学家认为它是一种电磁波的传播媒质；现在被弃用）与物质的相互作用归结为以太与电子的相互作用。这一理论成功地解释了塞曼效应。1902年，他与塞曼一起获得诺贝尔物理学奖。

洛伦兹发表的这篇论文，标志着经典电子论的真正诞生。他利用"电子"这一模型构建出的理论比J.J.汤姆孙真正发现电子的时间整整提前了5年！

1904年，洛伦兹发现，当把麦克斯韦方程组用伽利略变换从一个惯性系变换到另一个惯性系时，真空中的光速将不是一个不变的量，这意味着对于不同惯性系的观察者来说，麦克斯韦方程及由此推导出来的各种电磁学公式是不同的。为了解决这个问题，洛伦兹从存在绝对静止的以太观念出发，以高速运动物体的长度发生收缩为假说，提出了另一种变换公式，即洛伦兹变换。这对后来爱因斯坦创立狭义相对论有很大启发。在狭义相对论中，爱因斯坦废除了作为经典电子论支柱的以太，而且对洛伦兹变换给出了出乎包括洛伦兹在内的所有物理学家意料的物理解释。

洛伦兹（右）和爱因斯坦（左）在一起

　　洛伦兹身处经典物理学向现代物理学过渡的时

代。他思想开放,为人热诚、谦虚,思维敏捷,具有广阔的国际主义视野,受到包括爱因斯坦在内的大多数物理学家的尊重和爱戴。国际理论物理学索尔维会议是物理学史上最重要的会议,从1911年的第一届至1927年的第五届,历届会议都是由洛伦兹来主持。在组织会议、准备讨论方案、选择讲演人、总结成果等方面,洛伦兹表现出超高的才能,最终成为国际公认的理论物理学领袖。遗憾的是,他虽然能够看到由他播种的种子开花结果,长成了相对论和量子力学的大树,但他自己却主要是一个旁观者的角色。

1928年2月4日,洛伦兹在荷兰的哈勒姆去世,享年75岁。为了悼念这位荷兰物理学巨擘,举行葬礼的当天,荷兰全国的电信和电话服务中止三分钟,以表达对他的深切哀悼。来自世界各地的科学界著名人物也参加了葬礼。爱因斯坦在洛伦兹墓前致词说:洛伦兹的成就"对我产生了最伟大的影响",他是"我们时代最伟大、最高尚的人"。

被逼出来的"量子学说"

在科学的入口处,正像在地狱的入口处一样,必须提出这样的要求:这里必须根绝一切犹豫,这里任何怯懦都无济于事。

——[德]马克思

在物理学史上,1900年12月14日被物理学家们称为量子物理学的诞生日。你知道它的来历吗?

这还得从19世纪末飘在物理学天空上的"两朵乌云"的故事说起。

历史的时针刚跨入20世纪的第一天,威廉·汤姆孙就发表了演讲。他表示,在已经建成的科学大厦中,后辈物理学家只能做一些细枝末节的修补工作了。他预言，未来的物理学真理将只能在小数点后第六位去寻找。

汤姆孙之所以这样信心满满，是因为经典物理学理论经过物理学家们近百年的努力，实现了两次大综合，从牛顿力学体系，到麦克斯韦的电磁学理论，物理学中最主要的规律都已经找到，基本工作都已得到解决。更重要的是，"因果论"的观点早已深入人心，似乎世界上一切事物的运动和变化都是确定无疑的，过去、现在和未来都在这条因果链上，初始条件一旦确定，事物的运动和变化规律就可以找到。

但是作为著名的物理学家，汤姆孙又非常敏锐地发现两朵"乌云"：一是迈克尔孙—莫雷实验对"以太风"的测定显示零结果，二是科学家们尝试利用经典理论解释黑体辐射实验结果却遭遇失败。黑体是什么呢？其实它也是物理学家在研究热辐射时构造出来的一个模型，它不是指物体的表面颜色黑，它的本质在于能吸收外界全部的辐射，而不产生任何的反射与透射，并且它自身也能向外辐射能量。

经典理论在面对这两大难题时显得束手无策。其实，在19世纪末，物理学的天空上还有一朵"乌云"。放射性辐射、电子和放射性元素等的发现，彻底否定了原子并不是坚不可摧的传统观念，揭示了原子本身也是可以发生转变的，这一发现使得经典物质结构理论在实验面前遭受了前所未有的挑战！

物理学的发展似乎总是沿着既定的道路前进。每当众多科学家们犹豫不决时，总会有一位杰出的人物出现并引领突破。普朗克就是其中的一个代表。

1858年4月23日，普朗克出生于德国基尔的一个高级知识分子家庭，父亲是一位杰出的法律学教授。普朗克爱好音乐，音乐造诣之高甚至可以与专业音乐家相媲美。因为共同的音乐爱好，后来他和爱因斯坦结下了深厚的

青年时代的普朗克

友谊。

在选择大学专业时,普朗克曾徘徊于音乐、语言学和科学之间,后来几经斟酌,他还是选择了科学。1874年10月,普朗克进入慕尼黑大学,起初主修数学,但是他的兴趣很快就转向了物理学。1877年普朗克转入柏林大学,在那里,他主修了德国物理学家古斯塔夫·罗伯特·基尔霍夫(Gustav Robert Kirchhoff, 1824—1887)和亥姆霍兹等人的课程,并自学了德国物理学家鲁道夫·克劳修斯(Rudolf Clausius, 1822—1888)的《热的动力论》。后来他表示,正是克劳修斯的著作,将他吸引到物理学中来。1879年,普朗克获得了慕尼黑大学的博士学位,次年任该大学的无公薪讲师。1885年他被基尔大学聘为教授。在此期间,普朗克专心研究热力学。1887年,他扩充了以前的论文,出版了《能量守恒原理》一书。他追求自然界的和谐与统一,始终相信自然界存在着某种普遍规律。

在研究中,普朗克喜欢和既有基本性质而又不特殊的问题打交道,黑体辐射问题恰好符合这一特点,既不依赖于原子模型也不涉及其他特殊假设。

19世纪末，人们用经典物理学解释黑体辐射实验的结果时，出现了"紫外灾难"（即在高频区辐射的能量趋于无穷大）。虽然英国物理学家瑞利（Rayleigh，1842—1919）、詹姆斯·霍普伍德·金斯（James Hopwood Jeans，1877—1946）和德国物理学家威廉·维恩（Wilhelm Wien，1864—1928）分别提出了两个公式，企图弄清黑体辐射的规律。但是和实验结果相比，瑞利—金斯公式只在低频范围满足，而维恩公式只在高频范围满足。那么能否存在一个公式既满足低频又满足高频呢？这的确是一个极具挑战的问题。普朗克将电动力学和热力学缜密结合起来，孜孜不倦地钻研了几年，一心想推导出这个公式。然而，他的推导引发了激烈的讨论。在众人的质疑声中，他不得不暂时承认失败。

面对困境他重新审视问题，他发现黑体的辐射并不取决于体腔内壁的性质，而只取决于体腔内壁的温度。经过一番研究后，他找到了一个创新的思路：把黑体的体腔内壁看成是由许许多多的赫兹振荡器组成的，每个振荡器的能量分割为若干小且有限的量，这样所有振荡器的能量就是$E=n\varepsilon$。在这样的假设下,就可以计算出每个振荡器的平均能量,并得出黑体辐射的公式。他进一步猜想ε可能取任意小的值,把E分解为有限量不过是一种计算技巧。但是,要使计算结果与维恩公式相符,则ε必须是有限的,且和振荡器的频率成正比,即$\varepsilon=h\nu$。h是一个新的普适常数,现在我们称之为"普朗克常数",而$h\nu$被称为"能量子"。

把辐射的能量分成一份份的,这无疑就是经典物理学史上一个石破天惊的大事件!爱因斯坦曾对此评价道:"我曾试图使物理学的理论基础适应这种新观念,结果却令人失望,世人觉得好像脚底下的大地突然消失,让我们再也无法找到稳固的基石来构建知识的大厦。"普朗克对于自己的发现感到非常兴奋,有一次他和儿子一起散步时说,他发现的"作用量子"的重要性不亚于牛顿所发现的事物。

1900年12月14日,普朗克在柏林物理学会会议上报告了他的研究成果。在他所写的论文中,他不仅给出了普朗克常数的数值,还从中推导出热力学中的玻尔兹曼常数k、电子的电荷值和阿伏伽德罗常数。

普朗克（中）和爱因斯坦在一起

这些数值与现在标准值差异极小。普朗克的量子学说第一次把差别如此之大的物理学各个领域连起来了。

1931年，有位美国物理学家问起普朗克当年研究的情形，普朗克感慨地说："那是真的走投无路，被逼上绝境。我跟黑体理论搏斗了六年。我知道那是一个根本性的问题，而且也知道答案是什么。但为了找到理论上的支撑，我不惜牺牲一切，除了那两条不容置疑的热力学定律。"

普朗克提出的这个革命性的假说，最初并未引起科学界的足够重视。1903年，他在柏林的一个学院讲话中坦言,如果可能的话,他宁愿避开量子假说,然而现实却让他不得不接受并适应这一理论。尽管他尽可能谨慎引用量子,但内心仍然觉得不安。于是,他放下了对量子问题的研究,转而研究紫外发射问题。

到了 1909 年,普朗克又重新致力于量子问题的研究,但这时他已相当保守了,他告诫自己和其他人在引入作用量子时尽可能保持谨慎。于是,他力图将量子假说纳入经典理论的框架中,并在 1911 年发表了《关于量子发射的解释》一文。该文提出能量发射是量子的过程,而能量吸收则是连续的。即使到了这一步,普朗克觉得还不踏实,因为量子发射过程还不符合经典理论。他又进一步修改了假说,并于 1914 年发表了《量子假说的另一种表述法》一文,该文完全放弃了量子假说,认为无论吸收还是发射,都是符合经典力学的连续过程,只有在电子和光子碰撞时才表现出来间断。这样,他便削足适履地将量子假说纳入了经典理论的框架。然而,德国物理学家詹姆斯·夫兰克(James Franck,1882—1964)和赫兹(Gustav Ludwig Hertz,1887—1975)的实验(史称"夫兰克—赫兹实验")很快证明，这是一次失败的尝试。

普朗克虽然创造性地提出了量子学说，可之后的15年又完全放弃了它，这无疑是他人生中的一大遗憾。在大量的事实面前，他才幡然醒悟，并于1915年又回到了量子论上来，而这时他所开创的量子假说已经在许多领域中开花结果了：爱因斯坦提出了"光量子"理论，成功地解释了光电效应；丹麦物理学家尼尔斯·玻尔（Niels Bohr，1885—1962）利用量子论解释了氢原子的光谱规律……正如他在自传中所说："多少年来，我一直试图以某种方式将作用量子融入连续性的经典理论，结果却徒劳无功。许多同事说这是一场悲剧。但我对此则有不同的感受，因为我得到的经验教训是宝贵的。我现在知道，作用量子在物理学中的作用比我当初想象的要重要得多，这使我清楚地认识到，必须引入全新的分析方法，并将其推广到原子问题的研究中。遗憾的是，在这种方法的发展过程中我没有再起过积极作用。它主要是由玻尔和埃尔温·薛定谔（Erwin Schrödinger，1887—1961，奥地利物理学家）推进发展的。"

普朗克对现代物理学的贡献是巨大的。1918年他荣获诺贝尔物理学奖,以表彰他提出的量子学说。在颁奖典礼的演说中,他以自己的经验和教训告诫人们:"对于目标的追求,必须坚定不移。这是研究者必不可少的条件。"

1947年10月4日,普朗克在哥廷根逝世,享年89岁。

原子世界的造访人

在观察的领域中，机遇只偏爱那种有准备的头脑。

——［法］巴斯德

19世纪中叶，人们已经知道了50多种元素，有关元素、原子、分子的概念和学说已被人们普遍接受。根据原子分子学说，分子被认为是组成物质的最小单元，而原子则是物质变化中的最小微粒。例如，氧气和氢气分别是由许多氧分子和氢分子构成，而这些氧分子和氢分子又分别由氧原子和氢原子组成。两个氢原子和一个氧原子结合就形成一个水分子，许多水分子聚集在一起就形成了水。

科学家们构造的原子、分子模型为科学研究奠定了坚实的基础。然而，人们不禁要问：原子真的是坚不可摧的或者说是不可再分割的物质最小微粒吗？原子本身不会发生改变吗？

到了19世纪末，物理学家们通过对电学的研究，开始探索原子内部世界的奥秘。在1895年至1897年的几年间，科学家们取得了四项伟大的发现：X射线、电子、塞曼效应和放射现象。

1895年，德国物理学家威廉·康拉德·伦琴（Wilhelm Conrad Röntgen，1845—1923）在12月28日宣布发现了X射线（又称伦琴射线），这一发现使他获得了1901年度首届诺贝尔物理学奖；

1896年，塞曼在研究外磁场对光发射的影响时发现塞曼效应，这也是磁场对原子辐射现象的影响，为此他获得了1902年度诺贝尔物理学奖；

1896年，法国物理学家安东尼·亨利·贝克勒尔（Antoine Henri Becquerel，1852—1908）在$K_2UO_2(SO_4)_2 \cdot 2H_2O$样品中发现了天然放射性，他是第一个使用乳胶照相探测射线的科学家，这一成就使他与居里夫妇一起获得了1903年度诺贝尔物理学奖；

1897年，J.J.汤姆孙在4月30日从阴极射线的研究中证实了电子的存在。他因对电在气体中的传导的研究做出的重大贡献而获得了1906年度诺贝尔物理学奖。（为什么不是因为发现了电子呢？）

这四项伟大的发现直接导致原子世界大门被打开，从此，关于物质结构的理论和实验研究正式迈向了原子时代和量子时代。

下面给大家介绍伦琴发现X射线的历程。

伦琴发现X射线，与当时兴起的"低压气体放电"实验研究密不可分。

一般条件下，气体是不导电的。但在一个密闭玻璃容器的两端装上一对电极（阴极和阳极），并施加足够高的电压，与此同时，把玻璃容器内的气体不断抽出，使容器内气压逐渐下降。当气压降到几毫米汞柱时，容器内的气体就会开始放电，两个电极间有电流通过；放电时形成的光柱会因容器内所充的气体种类的不同而显示不同的颜色。如果容器接近真空，放电发光现象就会突然消失，随之看到的是从阴极发出的

"阴极射线"。"低压气体放电"和"阴极射线"的实验现象及原因在当时都没有正确统一的解释。而现在我们因为知道了电子和原子的内部结构及运动情况,解释这些现象就很容易了。

1845年3月27日,伦琴出生于德国莱茵河中部的莱耐普镇。他的学术之路可谓一帆风顺。1865年进入苏黎世联邦工程学院机械工程学系学习,师从著名的热力学家克劳修斯。1869年又获得苏黎世大学博士学位。1870年回到德国后做了德国实验物理学家孔特(Kundt,1839—1894)的助手,与孔特交往十分密切。1888年,维尔茨堡大学聘他为物理学教授。

伦琴(摄于发现X射线时)

在发现X射线之前,伦琴只是一名普普通通的物理学教授,所做的研究工作都是当时很多人感兴趣的课题。要说他的与众不同之处,那就是他在研究中对自己近乎严苛的责任要求和谨慎态度。1888年，他证明了表面移动电荷产生的电流与导线中的传导电流本质是一致的。这一发现与法拉第曾经千方百计证明电池中产生的电流和静电与电机产生的电流是一样的研究有异曲同工之妙。虽然这些发现现在看来无足轻重，但在当时的科学研究中却是必须要面对和解决的。由此我们再联想到1906年J.J.汤姆孙获得诺贝尔物理学奖时，表彰他的研究成果并不是因为他发现了电子，就知道科学的每一次进化是怎么回事了。

1895年11月8日，伦琴像往常一样独自在实验室里研究阴极射线。他把射线管用黑色硬纸板严密遮盖起来，在离射线管不远处放有一张涂有亚铂氰化钡（一种荧光物质）的纸，那是用来做屏幕的。在漆黑的室内，伦琴接通电源开始实验。忽然间，他发现不远处的那张屏纸闪着青绿色的荧光。

"是不是有什么东西撞击到纸上引起发光呢？"伦琴思索着。他对这个意外发现大为惊奇但又疑惑不解，决心要揭开隐藏其中的秘密。

于是他切断电源，荧光立即消失了；再次接通电源时，荧光又出现了。这表明荧光是由阴极射线管工作时引起的。

接着他把屏纸翻转，让没有涂亚铂氰化钡的一面向着射线管，屏纸上还是显示荧光；他把屏纸逐渐移远，屏纸上依旧显示荧光。

"这肯定不是阴极射线！它到不了那么远！"

一连几个星期过去了。伦琴独自在实验室里研究这种新的射线，没有向任何人提起过他的发现，甚至对自己的妻子也守口如瓶。他的妻子看到他那样全神贯注，寝食难安，开始着急起来，但得到消息的只是他正在做一个重要的实验。

接下来，他在阴极射线管和屏纸之间放置了书、玻璃板、木板、金属板等各种材质的物体，竟然发现这些东西好像都是"透明的"。在好奇心的驱使下，他甚至把自己的手伸到管子面前，结果，屏纸上显示出手骨骼的形象，这令他大为惊诧，无法置信！当他用照相机把自己的发现拍摄下来时，他才确信自己发现了一种新的射线！

1895年12月28日，伦琴把自己的发现写成论文，

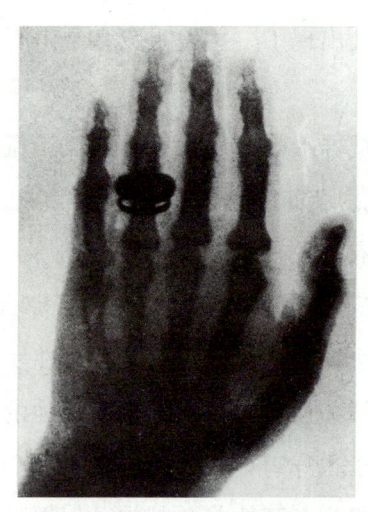

1895年伦琴用X射线拍摄的手部骨骼

送到维尔茨堡的物理医学会,很快就获得付印出版的批准。在论文中,他把发现的新射线命名为"X射线",因为对射线的性质尚不明确,他在文中只做了事实性的陈述:一切物体在X射线面前会呈现不同程度的透明,该射线可以使照相底片感光;没有观察到这种射线有多少可以察觉的反射或折射,也不能用磁场来使射线偏转;放电管玻璃管壁上受阴极射线撞击的小片区域,就是产生X射线的根源。

伦琴的发现立刻引起了世界性的轰动。不少著名的科学家在读了伦琴的论文后就奔向实验室重现实验，结果都发现了 X 射线的存在。科学家和医生们也很快意识到 X 射线在医学领域的巨大潜力，他们开始利用 X 射线拍摄患者的骨骼影像以寻找弹片的位置，以便更精准地治疗。在第一次世界大战期间，居里夫人在法国部队战地前线建立了第一座有 X 光设备的医疗站，救治了许多伤病员。如今，X 射线在医学和工农业生产方面都得到了非常广泛的应用。

虽然伦琴后来很少研究 X 射线的性质，但后人为了纪念伦琴的伟大发现，把 X 射线改称为"伦琴射线"。20 年后，科学家们终于研究清楚了伦琴射线的本来面目，它是原子的内层电子受到激发后产生的一种波长极短的电磁辐射，其波长大致介于紫外线和 γ 射线之间。伦琴射线具有很强的穿透能力，能轻易穿透黑纸、金属薄片等材料，同时也能使荧光物质发光、照相乳胶感光以及气体电离。毫无疑问，伦琴是第一个造访原子世界的物理学家。

其实，早在伦琴发现 X 射线之前，已有不少科学家偶然遇到过这一类似现象。如 1879 年英国物理学家威廉·克鲁克斯（William Crookes，1832—1919）、1892年德国物理学家菲利普·勒纳德（Philipp Lénárd，1862—1947）等都曾观察到克鲁克斯管附近密封照片被感光的情形，但都没有对它加以重视，更没有深入地去研究这种现象，因而错失了发现X射线的机会。X射线最终选择了伦琴——这位有着几十年实验室工作经验和敏锐观察能力的科学家。这正如在柏林科学院致伦琴的贺词中所说的那样："科学史告诉我们，每一项伟大的发现都离不开功劳和幸运的完美结合。在这种情况下，许多外行人也许认为幸运是主要的因素。但是，了解您的人都会懂得，只有您，一位摒弃一切偏见、把完美的实验艺术同高度的科学诚意和注意力结合起来的研究者，才配得上这一伟大发现的荣耀。"

见此图标
微信扫码

发现万"物"之律
追寻真"理"之光

原子"放射性"的发现

科学的永恒性就在于坚持不懈的寻求之中,科学就其容量而言,是不枯竭的,就其目标而言,是永远不可企及的。

——[俄]卡·冯·伯尔

每个物理学家的研究并不是孤立地针对某个事件。物理学上的每一个重大发现、每一次重大进展,通常要依靠一批科学家在一个相当长的时期内不断地做出贡献,直至最后取得成果。原子的"放射性"发现就是如此。

事情还得从1896年1月20日法国科学院举行的每周例会开始讲起。

在那次会议上，著名的法国数学家和物理学家亨利·彭加勒（Henri Poincaré，1854—1912）院士十分激动地向与会者展示伦琴发现的 X 射线照片，并把它和自己最感兴趣的阴极射线联系起来，为大家进行了详尽介绍。这件事引起了坐在台下的贝克勒尔院士的兴趣，当即问道："X 射线是从管子的哪个地方发出的？"

"看来射线似乎是从阴极对面的那个区域里发射出来的，就是管子玻璃壁发出荧光的那个区域。"彭加勒院士回答道。

说者无意，听者有心。贝克勒尔敏锐意识到在 X 射线与荧光之间很可能有什么关系。

1852 年 11 月 15 日，贝克勒尔出生于法国巴黎的一个科学世家，他的祖父、父亲、儿子都是法国科学家。这个家族四代人都生活在巴黎古维埃住

贝克勒尔

宅前面森林公园的院子里。他们有着共同的研究爱好——研究荧光和磷光。在1828年至1908年的整整80年间，法国科学院里始终有着一两个贝克勒尔家族的席位。对于这样的家庭背景，贝克勒尔曾表示，发现放射性似乎是他命中注定的事情。

话虽这么说，但贝克勒尔的发现之路还是充满了偶然与曲折。他起初做的实验没有取得良好的成果，荧光物质在发荧光时没有发射X射线。他正准备放弃实验时，又看到了彭加勒在一篇文章中提到荧光和X射线可能会同时产生的观点，于是再次投入实验。这次他利用父亲以前准备好的一种铀盐——硫酸钾双氧铀[$K_2UO_2(SO_4)_2 \cdot 2H_2O$]。

接着，贝克勒尔就利用这种铀盐进行新的实验。他把未感过光的照相底片用黑纸包好，然后在黑纸上放上铀盐，并将它们捆在一起，最后放在阳光下照射。他深知日光中的紫外线能使铀盐产生荧光，但铀盐会不会同时产生使底片感光的X射线，则需要把底片冲洗出来验证。经过几个小时的等待，结果正如他所期待的那样，底片不但感光，而且在底片上清楚地显示出铀盐的影像。在多次重复实验中,他又把某些中间打孔的金属板或硬币等物体,放在铀盐和底片之间,每次实验都在底片上留下了所放置物体的影像,这令他欣喜不已。

随后,他根据上述实验结果,写出了完整的实验报告,并在1896年2月24日法国科学院的会议上,宣读了这个报告。他宣称,铀盐在经过日光照射以后,发射出的X射线能穿过黑纸、玻璃等物质,并能使底片感光。

看来似乎是这种铀盐因为受太阳光照射发出荧光的同时还发出了X射线。可是一周以后,贝克勒尔又因为"天气原因"有了新的发现!

在24日的报告过后,贝克勒尔继续他的实验。然而,正当一切准备就绪时,天公却不作美,26、27日连续两天没有太阳,他只好暂时把材料放进黑暗的抽屉里,铀盐的试样就留在包着的底片上。到了3月1日那天,他实在等不到太阳,就径直把底片冲洗了。就在此时,意想不到的事情发生了!他看到冲洗后的底片上留下的阴影比以往更深、更黑!于是立即意识到自己有了一个重大的发现：不管是否经过阳光的照射，铀盐都会发出能穿过黑纸的射线。3月2日，贝克勒尔在科学院的例会上报告说："由于近几天来都是阴天，于是我在3月1日冲洗了底片，心想即使在照片上出现阴影，它也一定很淡。可是事实却是阴影更深。我立刻想到也许黑暗之中也能产生辐射。"

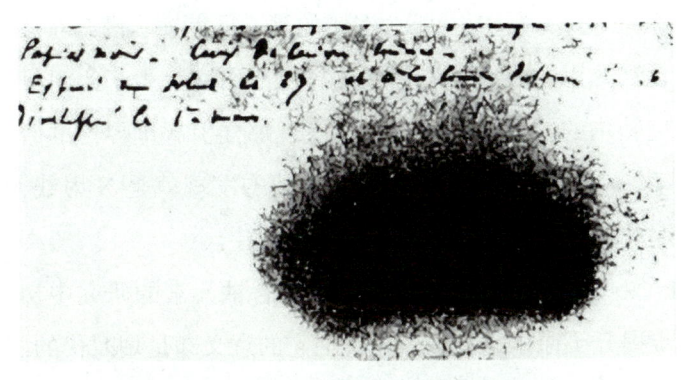

贝克勒尔射线留下痕迹的第一张照片

面对偶然的发现，贝克勒尔展现出了自己的眼力和才思，他意识到荧光与X射线的产生并不属于同一机理，需要进行更多的实验来研究这种辐射的产生。他研究了铀盐的状态（晶体/溶液）、温度、放电等因素对这种辐射的影响，结果证明确实与荧光无关；不过他发现金属铀的辐射比含铀化合物要强好多倍，而且这种辐射不仅能使底片感光，还能使气体电离变成导体。

5月18日，贝克勒尔在法国科学院的例会上再次宣布，铀盐的这种辐射是一种自发现象，只要存在铀元素，就会产生这种辐射。人们把他发现的这种射线称为"贝克勒尔射线"。遗憾的是，贝克勒尔没有对从含铀元素中发现的新射线进行深入研究。由于当时贝克勒尔的发现并未像伦琴的发现那样引起世界性的轰动，有些人甚至还错误地认为他的发现就是X射线，因此他的发现并没有得到广泛的关注。

贝克勒尔的发现虽然只是从含铀元素的研究中初步揭开了原子结构的一角，但它的意义却是划时代的。这不禁让人思考：是不是还有别的元素也具有类似铀那样能自发产生射线的性质呢？

接下来，对元素天然放射性质的研究，历史选择了法国物理学家居里夫人（Marie Curie，1867—1934）。

1897年，在法国求学的居里夫人征求丈夫的意见后，毅然选择研究贝克勒尔射线这个新现象作为博士

玛丽·居里

论文的题目。她首先重复了贝克勒尔的实验，在证实了射线是由于铀的某种原子性质发出的后，她又发现钍也会发出这种射线。此时，居里夫人觉得有必要对贝克勒尔射线给出一个科学的名称，以准确表达这个现象的特性。她把这种元素自发发出射线的现象称为"放射性"，而能发出射线的元素称为"放射性元素"。这就是"放射性"名称的由来。

有了上述的想法，居里夫人不再满足于研究铀和钍的化合物了。她搜集了许多矿物，并对它们逐一进行鉴别和测量。令她吃惊的是，按照她的方法测定，沥青铀矿的放射性竟比铀和钍的矿物所发出的放射性高出三四倍。据此，居里夫人猜测可能存在一种新的放射性元素。由于她对这种元素的化学性质一无所知，只知道它会自动发出射线，因此她就从寻找射线和测量射线的活度入手。

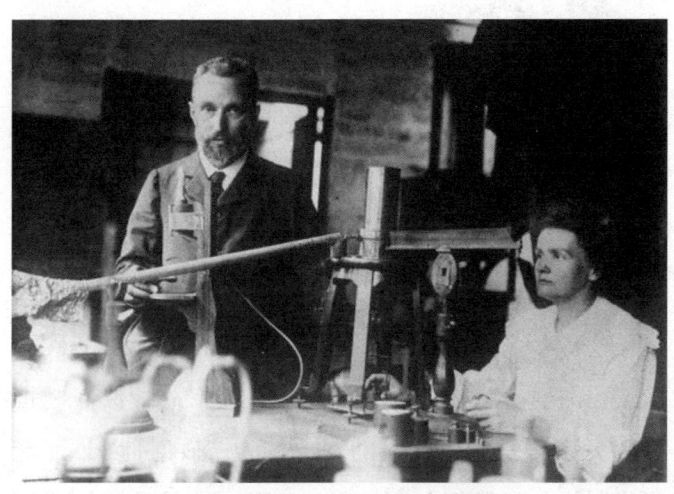

居里夫妇在实验室里工作

这是一个艰巨的任务,按照她的推算,这种新元素在沥青铀矿的含量估计不大于百分之一。后来的研究证实,这种新元素在沥青铀矿中的含量只有百万分之一左右!一段时间后,她发觉单凭自己不能完成这项研究,于是便向丈夫提议两人共同来做。夫妇俩以一间漏雨的木屋作为实验室,采取原始的手工操作方法,对找来的一吨沥青铀矿残渣进行日复一日的溶解、提纯和浓缩。这是一项需要有充沛体力、高度智慧和顽强意志的工作。在辛勤劳作中,丈夫的体力甚至都不如她。经过两个月的艰苦劳动,居里夫妇终于证实了在沥青铀矿中确实存在一种带有强放射性的新元素。

1898年7月,居里夫妇一起向法国科学院提交了论文,宣布了自己的发现。居里夫人把新发现的元素取名为"钋"(Polonium),以纪念她出生的祖国波兰。

其实,居里夫妇在宣布发现钋时,在提炼沥青铀矿的过程中已经察觉到了还存在一种放射性更强的新物质。由于他们对待科学始终保持着严谨的工作态度,因此不愿过早地发表还未成熟的实验结果。直到1898年12月,在他们取得了更详细的实验结果后,才正式宣布发现了比铀的放射性强二百多万倍的"镭"(Radium)元素。又经过4年的不懈努力,1902年,居里夫人终于提炼出0.1克氯化镭。借助这一成果居里夫人测定镭原子的质量数为225,还再次确定了两年前已发现了的两条最强的镭光谱线。至此,居里夫妇关于放射性的研究及钋和镭等元素的发现得到了世界公认,放射性和放射性元素的存在不再受到质疑。

1903年，居里夫妇和贝克勒尔由于发现了天然放射性和对铀的研究，一起荣获了当年的诺贝尔物理学奖。1904年，在经过7年的艰苦研究和努力后居里夫人终于完成了她的博士论文！

见此图标
微信扫码

发现万"物"之律
追寻真"理"之光

巴耳末公式之"谜"

在热情的激昂中,灵魂的火焰才有足够的力量把造成天才的各种材料熔冶于一炉。

——[法]司汤达

巴耳末公式是 1885 年瑞士数学家、物理学家约翰·雅各布·巴耳末(Johann Jakob Balmer,1825—1898)在研究氢原子可见光区一组光谱线系的波长规律时提出的一个经验公式。它对光谱学和近代原子物理学的发展

巴耳末

产生了重要影响。

巴耳末着手研究工作时，可见光区的4条氢原子光谱线已由埃姆斯特朗等人精确测定，紫外区的10条谱线也在恒星光谱中发现。但是，当时这些数据是零散的，它们所遵循的波长规律尚不为人所知。

面对这些零散的数据，巴耳末凭借自己的数学才能，观察出前面三条谱线的波长数据之间存在着一定的数字比例关系，于是决定从寻找可见光区域4条氢谱线波长的比例系数（公共因子）入手进行研究。

最初，为寻找这一公共因子，他用数字试探的方法寻找谱线之间的谐和关系，但很快发现用这种方法找到的数字因子反映不出各波长之间的实际规律，就只好放弃。巴耳末擅长投影几何，对建筑结构、几何素描有浓厚兴趣，他受到透视图中圆柱排列的启示，转而改用几何方法进行研究，他通过巧妙地利用几何图形成功地确定了公共因子，并以最简便的方法表示这些波长的数量关系：

$$\lambda = B\frac{n^2}{n^2-4} \qquad n=3,4,5,\cdots$$

其中 B 是一个常数，$B=3.6456 \times 10^{-7}$m。

通过巴耳末公式计算出的波长与实际测量值的误差不超过波长的 1/40000，这表明了公式的准确性。随后巴耳末又继续推算出当时已发现的氢原子全部 14 条谱线的波长，计算结果和实验值完全符合。1884 年 6 月 25 日，巴耳末在巴塞尔自然科学协会的演讲中公布了这个公式。

1890 年，瑞典物理学家里德伯（Rydberg，1854—1919）在研究氢原子可见光区的 4 条氢谱线中也得到了一个经验公式：

$$\frac{1}{\lambda} = R\left(\frac{1}{2^2} - \frac{1}{n^2}\right) \qquad n=3, 4, 5, \cdots$$

其中 R 是里德伯常数，$R=1.0973731569 \times 10^{-7}$m^{-1}。

你能通过数学演算，从巴耳末公式得到里德伯公式吗？

但是，这公式意味着什么？怎样解释它的物理意义？这些问题一直困扰着许多物理学家，德国物理学家阿诺德·索末菲（Arnold Sommerfeld，1868—1951）就是其中的一位。说起他，还有一段挺有趣的插曲。

1906年复活节的这天，索末菲和他的学生德拜一起骑自行车沿着摩塞尔河谷行驶。当他们两人在一间小酒店停下来休息时，店主热情地送上了葡萄酒。德国的葡萄酒驰名世界，再加上春意盎然、百花争艳，两人的心情非常舒畅。索末菲对店主的酿酒技艺赞不绝口，店主因此对他们招待得更为周到。几杯下肚，索末菲兴致愈发高涨。于是他请店主拿来纸笔，在上面写下豪言："我要是能解释巴耳末公式，就来您的酒店痛饮葡萄酒！"然后递给店主，说："以后你的酒店也许会因为我写的这几句话而名声大噪，生意兴隆。"店主对此有点困惑，心想：这帮读书人也太有意思了。

然而，索末菲并没有让那个小酒店闻名于世。

时间又过去了27年。

索末菲

1913年2月，从剑桥大学回国已过半年的玻尔，正在努力完善英国实验物理学家欧内斯特·卢瑟福（Ernest Rutherford，1871—1937）的行星式有核原子模型。他巧妙地将普朗克的量子理论与卢瑟福的有核原子模型结合起来，成功地建立起处在基态下的原子和分子模型，但是，玻尔的理论仍不够完善，以致他的研究工作陷入困境。当时玻尔的处境可谓是"万事俱备，只欠东风"。正在这时，"东风"吹来了。

一天，玻尔的老同学，研究光谱的丹麦物理学家汉森（Hansen，1886—1956）来拜访他。谈话中，汉森突然问道："你的理论怎么解释光谱公式？"玻尔一愣，坦言道："什么光谱公式？我不知道啊！"玻尔的回答使汉森也十分惊讶，便说道："你非得看看这些光谱公式不可。它以多么漂亮而又简单的方式描述了光谱。"

玻尔接受了汉森的劝告。当他接触到巴耳末公式时，立刻意识到这个公式能完美解释行星式原子模型的稳定性问题。这一发现让玻尔茅塞顿开。长期困扰他的问题终于有了答案。

过了两三天，轮到汉森惊讶了。前几天还不知道巴耳末公式为何物的玻尔，不到3天工夫，竟然向汉森这位专门研究光谱的专家来解释巴耳末公式的物理意义了！要知道，多少专家研究了近30年都没有解开的巴耳末公式之谜，玻尔3天就找到了答案，真令人惊讶。

这一年，玻尔完成了他的杰作《论原子构造和分子构造》，并提出了原子结构的玻尔模型，他运用这个模型成功地解释了氢原子和类氢原子的结构和性质。巴耳末公式之谜也得以解开——原来，光谱的产生是由于氢原子从一种能量状态跃迁到另一种能量状态时发射出来了光子！巴耳末的经验公式也由此被玻尔改写成了"$E_n - E_m = h\nu$"。

"您真是骑在波峰上啊！"

大匠诲人，必以规矩。

——孟子

在英国，被誉为"石头史书"的威斯敏斯特教堂，坐落在英国首都伦敦泰晤士河畔，是一座哥特式建筑。作为英国的圣地，它在英国众多的教堂中地位显赫，可以说是英国地位最高的教堂。除了王室成员，英国许多领域的伟大人物也埋葬于此。因此威斯敏斯特教堂被英国人称为"荣誉的宝塔尖"。目睹了牛顿葬礼的法国文学家伏尔泰曾为之深深震动。他曾感慨道："走进威斯敏斯特教堂，人们所瞻仰的不是君王们的陵寝，而是那些为国增光的伟大人物的纪念碑。这恰恰体现了英国人民对才能的尊敬。"被称为"原子核物理学之父"的卢瑟福也长眠于此，他被安葬在牛顿墓穴的邻侧。

1871年8月，卢瑟福出生于新西兰南岛上的纳尔逊小镇，是早期苏格兰移民的后代。他在中学和大学读书期间就展现出非凡的才华，尤其在物理实验研究方面。他在自己的学士论文《高频放电下铁的磁化》中详细记录了铁丝在高频电流作用下的磁化现象。实验的过程是这样的：首先给铁丝通电，使铁丝磁化；接着把这根铁丝浸入硝酸中，直至表层被融化，磁化现象消失。这个实验后来被载入《卢瑟福选集》。

卢瑟福

大学毕业那年，23岁的卢瑟福通过竞赛，获得了去英国继续深造的奖学金，这让他欣喜万分。据说接到获奖通知的时候卢瑟福正在地里挖土豆,他激动地扔下锄头,捧着从地里挖出的一个大土豆感慨道:"这应该是我一生中挖的最后一个土豆了!"

1895 年,卢瑟福来到英国剑桥大学,不久就成为大名鼎鼎的导师 J.J. 汤姆孙的研究生。卢瑟福自制的电磁波检波器可以收到半英里以外的信号,这令 J.J. 汤姆孙十分惊讶。他那非同一般的实验才华,很快使他成为第一个被 J.J. 汤姆孙允许进入卡文迪许实验室工作的外国学生,这对从异国他乡来求学的卢瑟福来说真是一份莫大的荣耀!在实验室里,一个同学留言道:我们这里从地球那一边来了一只长毛兔,打洞可打得够深的。说的就是卢瑟福。

卢瑟福与居里夫妇是同时代的人。在钋和镭等放射性元素先后被发现之后,卢瑟福于 1898 年在卡文迪许实验室对铀放射线被吸收的情况进行了研究,发现铀发出的射线有两种不同的特性,他分别称之为 α 射线和 β 射线。不久之后,法国物理学家 P.U. 维拉德(Paul Ulrich Villard,1860—1934)又发现了更具有穿透力的 γ 射线。β 射线和 γ 射线的性质很快被揭示了，它们分别是高速电子流和高频电磁波，而 α 射线的性质则弄不清楚，一直是个谜。卢瑟福认为，α 射线既然很容易被物质吸收，说明它跟物质作用强，一定有着某种特殊的性质。于是，卢瑟福毅然选择 α 射线作为自己的研究课题。直到 1909 年他证明 α 射线就是高速运动着的氦离子流，这一研究经历的时间超过了 10 年。

对 α 射线的执着追求，使卢瑟福获得了巨大的成功：

1900 年，他与索迪合作，开始对铀的 α 射线进行

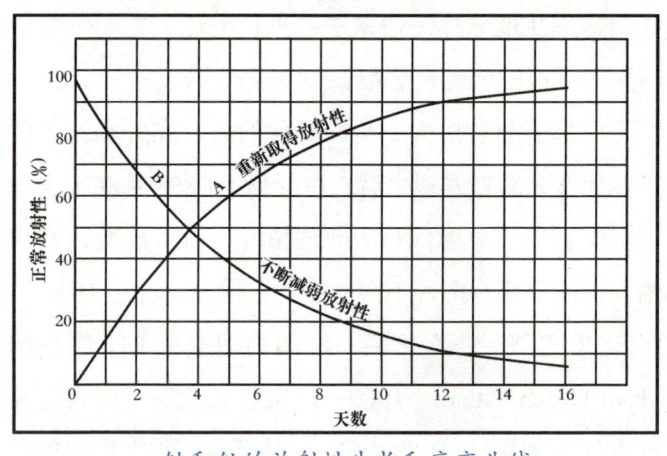

铀和钍的放射性生长和衰变曲线

系统研究，探索了放射性物质之间的互相嬗变现象。他们发现了放射性递减的数学规律，并创立了放射性嬗变理论。到1907年他们成功找到了一连串放射性元素，建立了铀放射系。为此，卢瑟福获得了1908年度诺贝尔化学奖。这在卢瑟福看来是一生最骄傲的成就了。

1906年，他开始研究α射线通过物质时的现象，并成功揭示了α粒子的本质——其质量与氦原子相当，为后来发现原子的原子核奠定了基础。卢瑟福在诺贝尔奖领奖台上详细描述了他和德国物理学家盖革（Geiger，1882—1945）用闪烁法逐个计数α粒子的经过。这项工作非常乏味，需要在绝对黑暗的实验室里

1908年，卢瑟福（右）和盖革（左）在曼彻斯特大学的实验室里

长时间操作，逐一观察 α 粒子射入硫化锌薄层时发出的闪烁。尽管 α 粒子在屏幕上的闪烁不容易看清晰，且两个人观察到的结果有时有出入，但卢瑟福还是找到了一个巧妙的方法来解决这个问题，后来盖革利用其原理发明了盖革计数器。

1911 年，卢瑟福的学生英国物理学家 E. 马斯登（Ernest Marsden，1889—1970）在与他合作实验时，观察到了一个令人震惊的现象：α 粒子没有按直线或接近于直线的路线行进，而是发生了偏转。当马斯登向卢瑟福报告这一发现时，卢瑟福立即要求马斯登重新做一遍实验以确认结果。α 粒子偏转之大的结果令卢瑟福大为惊奇！一连几个星期，卢瑟福在实验室踌躇满志地踱着方步，偶尔还放声高歌几句，因为他已经知道了 α 粒子为什么会以很大角度发生偏转。接下来，卢瑟福以他非凡的直觉思维构造出他的原子模型：原子里所有的正电荷（Ze）和质量都聚集在原子中心一个非常小的范围内，这个地方叫作原子的"核"，核的周围有 Z 个电子在绕行，带正电荷的核与带负电荷的电子之间的静电引力，把整个原子结合为一个系统。

按照自己构造的这个模型，卢瑟福很快就根据库仑定律和牛顿运动定律给出了一个散射公式。该公式的各个细节，随后被盖革和马斯登用简单的实验证实。至此，原子中确定有"核"的存在。

1919年，卢瑟福持续用α粒子轰击一些轻元素的原子核，希望α粒子进入核内进行"侦察"以求早日揭开原子核内的秘密。经过不懈努力，卢瑟福成功实现了人类有史以来第一次人工核反应！在这个实验中，坚硬而又微小的原子核被α粒子击中后发生了蜕变，还产生了一种新的粒子——质子。同年6月，卢

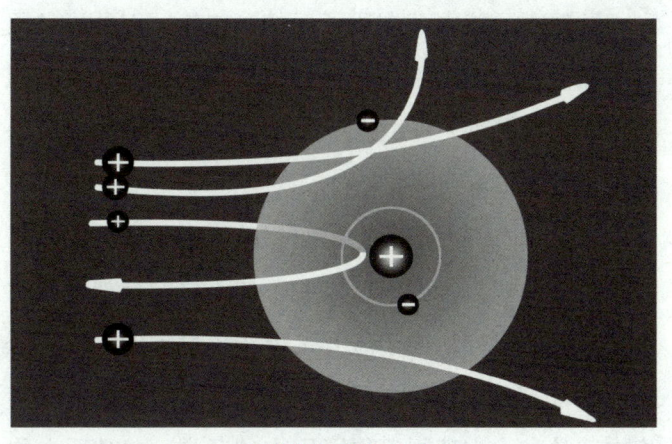

α粒子散射实验示意图

瑟福在英国皇家学会上作了报告，并当众演示了氮原子核被 α 粒子击中发出质子的实验。卢瑟福在宣布这一重大发现之前，为了做到万无一失，曾耗费三年左右的时间做了各种可能的对照实验。尽管他所使用的仪器十分简陋，但还是凭借自己敏锐的观察力，在显微镜的目镜上捕捉到了荧光屏上产生的明亮闪光——这是原子核被击中的珍贵证据。由于原子核体积微小，绝大多数 α 粒子注定是要打空的。据卢瑟福计算，每 30 万个 α 粒子中只有一个 α 粒子能侥幸击中氮原子核！

发现原子核中存在质子后的第二年，卢瑟福又预言了原子核中的中子，这一预言后来由他的学生英国物理学家詹姆斯·查德威克（James Chadwick，1891—1974）在 1932 年证实。

咬定青山不放松，立根原在破岩中。卢瑟福以非凡的勇气和魄力，严谨认真和不屈不挠的精神，几乎毕其一生的研究，终于敲开了原子核世界的大门，因此他被誉为继法拉第之后世界上最著名、最优秀的实验物理学家，为英国争得了巨大的荣誉，并被后人称为"原子核物理学之父"。

卢瑟福不仅是一位杰出的科学家,还是一位优秀的导师和学科带头人。当人们提及卢瑟福的成就时,总会提到他"桃李满天下"的盛誉。在他的悉心培养下,他的助手和学生有多人荣获诺贝尔奖,他领导的卡文迪许实验室更是被誉为诺贝尔奖获得者的摇篮。1922年度诺贝尔物理学奖获得者玻尔曾深情地称卢瑟福是"我的第二个父亲"。

在科学界中,至今还传颂着许多卢瑟福精心培养学生的小故事:

一天深夜,卢瑟福回到实验室,发现灯光还亮着,他推开门一看,只见一个学生正坐在工作台前。他关切地问道:"这么晚了,你还在这里干什么?"

"我在工作,教授。"学生很快回答说。

"那你白天做什么呢?"卢瑟福接着问道。

"同样在工作。"学生本以为这样回答会得到老师的夸奖,然而,出乎意料的是,卢瑟福严厉地责问:"请问,这样一来,你在什么时候来思考呢?"

还有一次,卢瑟福和一个学生一起做实验,他负责观测仪器，而学生负责记录。实验开始后，卢瑟福要学生立刻记下读数，这时候学生突然慌乱起来。

"你怎么啦？"卢瑟福关心地问。

学生结结巴巴地回答说："我……我忘了拿实验记录本了。"说完，他便随手拿起一张纸，记下刚才的读数。

卢瑟福一把从学生手里夺过纸，大声地说："我早就说过，测量结果不许随便记在零散纸上，你怎么忘了？"

学生支支吾吾地说："那现在我记在哪里呢？"

卢瑟福提高嗓门，严肃地说："记在你的袖子上！"停了片刻，他又补了一句："这样就不会丢失了！"

卢瑟福虽然对学生要求严格，但他从不把自己的思想和观点强加给学生，反而竭力主张和学生共同探讨，充分发挥学生的主动性，保护学生的学习热情。1912年3月的一天，玻尔带着一篇论文怀着忐忑的心情找到卢瑟福："老师，我对您去年提出的原子结构模型有点新看法，能跟您谈谈吗？"卢瑟福和蔼地说："完全可以，我非常愿意听听你的新见解。"玻尔滔滔不绝地阐述着自己的观点，卢瑟福听得津津有味，还不时地与他展开讨论，最后，卢瑟福热情地鼓励玻尔："你的想法很有创意，完善并发展了我提出的模型。你要尽快把它写成论文，我会帮你推荐给《哲学杂志》发表。"第二年，玻尔的论文经过卢瑟福的审阅和推荐，公开发表了。这篇论文不仅让玻尔一举成名，还为他赢得了1922年度诺贝尔物理学奖。

1931年，卢瑟福被英国皇家晋封为男爵，在选用

纳尔逊·卢瑟福勋爵纹章

爵位的名称和图样时，他把爵位命名为"纳尔逊·卢瑟福勋爵"，以纪念他在新西兰读大学时的纳尔逊学院；而在爵位纹章的图样中，则绘制了铀放射性嬗变的两条曲线，以纪念他在加拿大工作的那段岁月。

卢瑟福的个人经历和成就在物理学史上堪称传奇。曾有人对他半开玩笑地说："您真是骑在波峰上啊！"意思是说卢瑟福的运气实在太好，总是在恰当的时机处于恰好的位置，卢瑟福则意味深长地回答道："不，波是我造出来的，难道不是吗？"

"拯救"原子模型的人

做一个杰出的人,光有一个合乎逻辑的头脑是不够的,还要有一种强烈的气质。

——[法]司汤达

提起北欧丹麦这个国度,人们往往会想起世界著名的童话作家安徒生(Andersen,1805—1875),他的经典作品《安徒生童话》里面有很多打动人心的童话故事,如《丑小鸭》《卖火柴的小女孩》《拇指姑娘》等。《安徒生童话》已经被译成150多种语言出版发行。

然而,除了文学巨匠安徒生外,丹麦还孕育了另一位举世闻名的物理学家——玻尔。1913年,玻尔接连发表了被世人称为"伟大的三部曲"的关于原子理论的经典论文，这一成就成为近代物理学史上的一个里程碑，架起了经典物理学通向量子物理的桥梁。借助这一桥梁，物理学家们成功地将光谱学、放射学和黑体理论的研究串联起来。1922年，玻尔成为丹麦第一个获得诺贝尔物理学奖的科学家。那一年，整个丹麦都沉浸在喜悦之中，举国上下都为之庆贺，玻尔也成为了丹麦的骄傲。

谈及原子的结构，历史上有过一段曲折的探索历程。1903年，时任卡文迪许实验室主任的J.J.汤姆孙提出了他的"葡萄干布丁"模型：将原子的正电荷比作一块蛋糕，电子则像一颗颗葡萄干嵌在其中。这个模型是基于对"原子保持稳定"的考虑而构建的。然而1909年，卢瑟福在用 α 粒子轰击金属箔的原子时发现，被散射出来的 α 粒子绝大多数只偏转了

玻尔

2°~3°，但有极少数 α 粒子偏转超过了 90°，甚至有些是被反弹回去了，反复实验的结果也是如此。

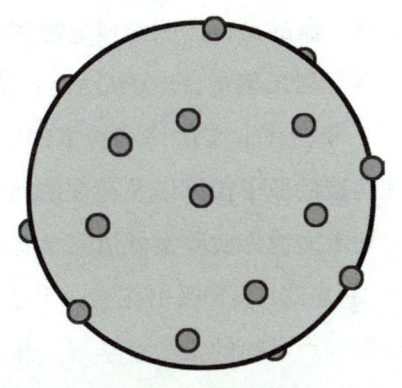

J.J. 汤姆孙原子模型

这一发现使得"葡萄干布丁"模型显得不再适用。卢瑟福敏锐地意识到原子中可能存在一个带正电的硬核，否则 α 粒子的大角度散射现象无法得到解释。

1911 年，卢瑟福根据自己实验的结果构造出了一个原子"行星式"模型。在这种模型中，原子中的正电荷集中在比原子体积小得多的空间里，原子的全部质量也集中在这个小空间，这个小空间叫作原子核，电子在核外运动。尽管卢瑟福深知自己提出的这个原子模型存在着许多问题，但他受限于自己的理论思维，对此感到无可奈何。他的原子模型无法解释原子的大小是固定不变的,也无法解释当时发现的原子发出的线状光谱;更要命的是,按照经典电磁理论,电子绕核运动会不断辐射出能量,电子最后会"坍缩"到原子核上。这一年,在卡文迪许实验室的年度聚会上,卢瑟福把他构造的原子模型以及存在的问题进行了汇报。正好来到卡文迪许实验室做访问学者的玻尔被卢瑟福的原子"行星式"模型吸引住了。于是他跟随卢瑟福前往曼彻斯特卢瑟福的实验室学习。几个月后,玻尔回到丹麦潜心研究如何"拯救"卢瑟福的原子模型,开始撰写他那"伟大的三部曲"。

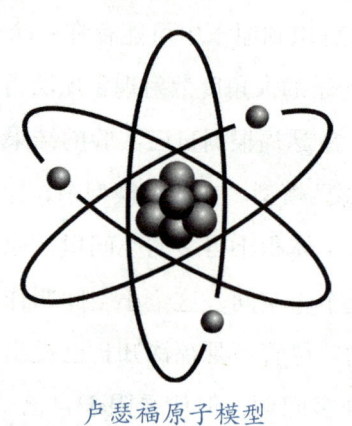

卢瑟福原子模型

对玻尔来说，写作是件苦差事。在写作之前，他习惯于独自思考并通过不断的讨论来锤炼观点。完成一篇论文往往需要经历多次修改，每次可能是微调几个短语，或是将某个概念表述得更清晰，甚至是对某一观点进行深入的修正。他那"伟大的三部曲"就是在这样的精心打磨中诞生的。

玻尔是如何对卢瑟福的原子"行星式"模型进行修正的呢？我们可以从他在英国《哲学杂志》上分三次发表的"伟大的三部曲"《论原子构造和分子构造》中找到答案。这三部曲的构造如下：第一部探讨"正核对电子的束缚"，聚焦由一个正核和单个电子所构成的简单氢原子体系。科学家们往往都是从研究最简单的模型入手来寻找突破口！第二部则扩展到"只包含单独一个原子核的体系"，深入讨论元素周期表。第三部转向"包含多个原子核的体系"，讨论分子结构。玻尔创造性地利用普朗克的量子理论来改造卢瑟福的原子"行星式"模型。与其说是改造，不如说是对经典理论的颠覆。

玻尔提出：原子只能处在一系列能量不连续的

1947年，丹麦国王在登基时，为表彰玻尔对量子物理学所做出的贡献，破格授予他"骑象勋爵"荣誉勋章。玻尔最喜欢用图中的阴阳太极图案，来诠释他的"互补原理"。

"定态"中，电子绕核运动时，并不向外辐射能量。能量的释放仅发生在原子从一个"定态"跃迁到另一个"定态"的瞬间。此时释放的能量不是连续的，而是符合普朗克的能量子"$h\nu$"。电子绕核运动的轨道，也必须满足普朗克常量 h，即我们现在说的"轨道量子化条件"。

玻尔的这些假设显然与经典力学理论和电磁学理

论是格格不入的。为了验证其可行性,他把论文寄给了卢瑟福,希望卢瑟福能推荐发表。没想到,惯于发号施令的卢瑟福对玻尔的论文并不满意。他嫌玻尔的论文太长,就亲自动手删改,还提出了很多批评意见。闻此玻尔立马乘船来到英国,特地前往曼彻斯特找卢瑟福当面为自己的论文进行辩护。在这次会面中,玻尔对卢瑟福提出的批评意见进行了逐条批驳。当然,在自己的前辈面前,玻尔始终保持温文尔雅,谦恭有礼的态度。玻尔的这一研究和工作风格,使他在学界建立起了广泛的人脉,大家都乐于和他交往。

尽管卢瑟福认为玻尔的一些观点太"轻率",但几天后,他还是把玻尔的论文推荐给《哲学杂志》发表了。

玻尔的学说不仅在学界引起了巨大的反响,更在解释和预言许多物理现象方面显示了非凡的威力!从此,卢瑟福的"行星式"模型进化到了玻尔模型。

玻尔的成功为他赢得了极高的声誉。世界各地纷纷邀请他前去讲学。爱因斯坦也对他极为欣赏,毫不掩饰地对玻尔说:"在生活里很少有人像您那样,只要您在座,就如同让人品尝到了甘醇的美酒。我现在知道为什么保罗·埃伦菲斯特（Paul Ehrenfest，1880—1933，荷兰物理学家）这样喜爱您。目前我正在拜读您的伟大论文，每遇有疑难之处，仿佛都看到您风华年少的神采，向我微微含笑地解释着……"

玻尔的才能也在他自己的国土上开花结果了。1921年3月3日，玻尔在丹麦哥本哈根大学正式成立了理论物理研究所（1965年10月7日，为庆祝玻尔的80岁生日，研究所改名为尼尔斯·玻尔研究所），他亲自担任理论物理学教授，致力于培养新一代的物理学人才。研究所的成立，不仅在丹麦的科学发展史上是一件令人瞩目的事件，而且它对整个物理学和国际科学合作产生了深远影响。研究所成立后的10年里，来自不同国家的多位物理学家前来交流和研究。我国著名的物理学家周培源也在1929年4月来到这里，参加了玻尔主持的会议。

在这里，玻尔汇聚了世界上最有天赋和远见的物理学家，他们在一起互相学习、讨论并自由交流思想，从中常常能引起一个决定性突破的灵感或源泉。科学植根于对话之中，已然被世人称赞为"哥本哈根精神"。

玻尔以其深刻的洞察力和鼓舞人心的力量，点燃了物理学家们想象的火花，让大家的聪明才智充分地发挥出来。在他的引领下，丹麦逐渐成了国际上公认的理论物理学研究中心。

"拯救"原子模型的故事，还在这里继续演绎着……

寻找原子核的"压舱石"

> 我之所以能在科学上成功,最重要的一点就是对科学的热爱,坚持长期探索。
>
> ——[英]达尔文

早在 1920 年,卢瑟福就设想过原子核内可能存在着一种质量与质子相近的不带电的中性粒子。这种中性粒子由质子和电子成对地紧密结合,形成一种特殊的组合粒子。这虽然能解释原子核内部并非只是由质子单独构成的现象,但仍无法解释质子组成原子核的全部质量。比如,氦原子核的质量数为 4,带 2 个单位正电荷。如果认为氦核的质量是由 4 个质子组成,那么电荷数就相差 2,多余的 2 个电荷去哪里了呢?

显然，若能放进两个电子，电荷数和质量数就可以自圆其说了。由于当时还没有在原子核内发现不带电荷的中性粒子，卢瑟福只能作出上面的设想。然而，这种只有质量而不带电荷的粒子，它们在核内的作用就像被放在船底的"压舱石"，起着稳定原子核的作用，肯定是存在的。所以一经卢瑟福提出，他的得意门生们就念兹在兹，一直不能忘怀原子核内可能有这样的粒子存在，最终由查德威克在1932年首先发现并命名为"中子"。查德威克因此获得了1935年度诺贝尔物理学奖。

1891年10月20日，查德威克出生于英国柴郡。小时候的查德威克并未显现出过人天赋，他常常沉默寡言，学习成绩也并不出众。但是，查德威克却有着自己的学习信条：会做则必须做对，一丝不苟；不会做又

查德威克

没弄懂，绝不下笔。正是这种不务虚荣、实事求是的精神，使他在科学研究事业中受益一生。

1908年，查德威克考入曼彻斯特大学，很快便在物理研究方面显露出超群的智慧和非凡的才华。不久，他就以"α射线穿过金属箔时发生偏离"的实验有力地证实了原子核的存在，因此获得了英国国家奖学金。卢瑟福教授非常看重他，毕业后就留他在曼彻斯特大学物理实验室，从事放射性研究。

正当查德威克的科研事业初露曙光之际，1914年第一次世界大战爆发，德、英两国成为敌对国。当时正在柏林访问的查德威克不幸被德国当局拘押在鲁莱本（Ruleben）的一个平民俘虏营中。据说查德威克在俘虏营初期倍感沉闷。幸运的是俘虏营里来了一位英国青年军官埃利斯，查德威克就以极大的热情向埃利斯讲解原子物理，后来埃利斯也成为了一个原子物理学家。查德威克的这种科学精神深得德国同行们的同情和赞赏。在德国科学院的努力交涉下，查德威克和同伴们在俘虏营里建造了一间简陋的实验室，专心致力于β射线的研究。尽管外面炮火连天，但查德威克却在俘虏营里安静地进行自己的实验。直到 1918 年战争结束，查德威克才获得自由。他随即前往剑桥大学，与已是卡文迪许实验室主任的卢瑟福共同从事放射性粒子研究。

说起中子的发现过程，必须提到四个人的工作。他们是：德国物理学家波特（Bothe，1891—1957）、法国物理学家伊雷娜·约里奥–居里（Irène Joliot-Curie，1897—1956）和她的丈夫 F. 约里奥–居里（Frédéric Joliot-Curie，1900—1958）（居里夫妇的女儿和女婿）以及查德威克。和前面三个人不同，查德威克早在 1923 年就为中子的发现做了周密的计划，他曾写信告诉导师卢瑟福说："我本人认为必须对不带电荷的中子做一次真正的研究。现在我已经有了一个工作计划，但还是应该和阿斯顿（Aston，1877—1945，英国物理学家，质谱仪的发明者）商量一下。"所以说，查德威克作为中子的第一个发现者是当之无愧的。据说当时有些人向卢瑟福提出，约里奥–居里夫妇在这方面也曾做出重要贡献，但卢瑟福坚持认为发现中子的诺贝尔物理学奖应该颁发给查德威克，他说："关于中子，就奖给查德威克一个人吧。约里奥-居里夫妇这么聪明，不久就会因发现别的事物而得奖的。"卢瑟福的话确实没有说错，约里奥-居里夫妇后来因为发现人工放射性获得了1935年度诺贝尔化学奖。那么在中子的整个发现过程中究竟有哪些值得我们后人学习和借鉴的经验呢？让我们来探个究竟。

首先来说说波特。

1928年，波特和他的学生H.贝克尔用钋发射的α粒子轰击铍，目的是证实卢瑟福观察过的核蜕变现象，并探究在蜕变时是否伴随高能γ射线的发射。在实验中，他们用自己发明的一种电计数法发现了一种贯穿辐射，并把它解释为"γ射线"。后来通过测定和计算，他们发现所观察到的γ射线的能量远超入射的α粒子，这种能量必然来自核的蜕变。从现在我们熟知的α粒子与铍的核反应方程式来看，波特他们观察到的所谓γ射线实际上就是"中子"。遗憾的是，他们未能捕捉到这个重要的发现。

$$^{9}_{4}Be + ^{4}_{2}He \rightarrow ^{12}_{6}C + ^{1}_{0}n$$

1932年，约里奥-居里夫妇重复了波特的实验。

除了仍用铅做过滤物之外，还采用含有水、石蜡等含氢物质的探测器探测。结果发现，这样的探测器对所发出的 γ 射线的探测效率提高了很多，电离电流几乎增加一倍，他们认为这是 γ 射线把水、石蜡等中的氢核（即质子）激发出来形成的电离电流。

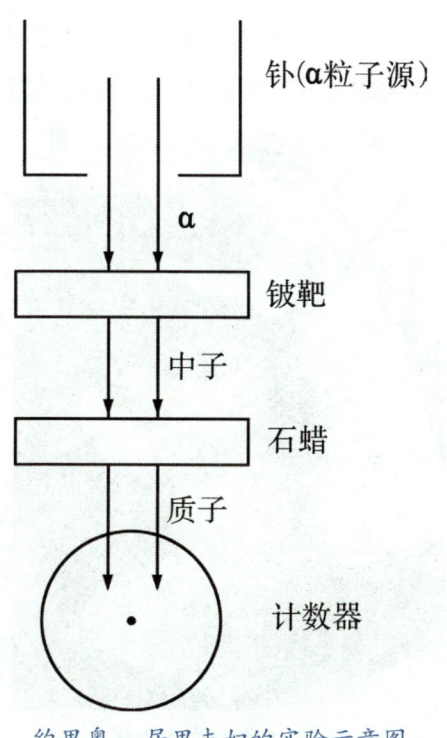

约里奥－居里夫妇的实验示意图

为了进一步研究这种奇特现象,他俩又用一种含氢的威尔逊云室研究这种 γ 射线与氢核作用所产生的粒子在云室中所形成的径迹,进一步证实了这些粒子就是质子。他们估算出这些质子的能量,并尝试通过质子和 γ 射线的能量关系来推算 γ 射线的能量。然而他们发现计算出的 γ 射线能量与实际观测到的能量之间存在巨大的差异,而且这个差异无法用能量守恒

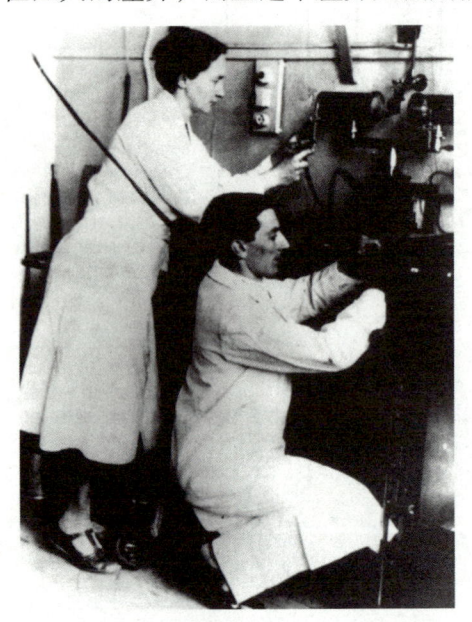

约里奥-居里夫妇在实验室工作

定律进行解释！可惜的是，约里奥-居里夫妇没有抓住这个重大线索进行跟踪研究，而是错误地把观察到的现象解释为康普顿（Compton，1892—1962，美国物理学家）效应——认为质子是被 γ 射线撞击后从石蜡中反冲出来的！真正的 γ 射线怎么可能从石蜡中打出质子呢？如果打出来的是电子，可以解释为康普顿效应；但实际打出来的是质量为电子质量1836倍的质子，这情形犹如乒乓球与铅球相撞，乒乓球是绝对不可能撞动铅球的！尽管约里奥-居里夫妇已经一只脚跨入了发现"中子"的门槛，但最终没有走进去，实在是太遗憾了！

再来说说查德威克。

约里奥-居里夫妇把他们的实验观察和解释公开报道后不久，一直在寻找中子的查德威克看到后感到极为震惊，并立即向导师卢瑟福报告。这位勋爵一边在实验室踱着方步，一边听着汇报。汇报临近结束时，卢瑟福突然大声叫着说："这不可能！我不相信！重新做实验！"

于是，查德威克按照卢瑟福的要求，把约里奥-居里夫妇的实验重新做了一遍。有所不同的是，他用从铍靶发出的射线撞击氢，还撞击氦和氮。他仔细比较了每次实验中反冲质子的情况，并根据反冲射程计算得到铍靶发出的射线能量。他发现如果将这些射线视为 γ 射线，那么各次实验所得到的能量值会存在很大差异。这就否定了铍靶发出的射线是 γ 射线的说法。查德威克还借鉴了首次人工核反应中 α 粒子能从氮核中打出质子的实验事实，认为任何能从原子核中打出质子的射线，必须是由一些质量与质子相近的粒子组成。因此实验中铍靶发出的射线也应该是由与质子质量相当的粒子组成。再加上这些粒子经过威尔逊云室证明不带电荷，由此，查德威克最后得出结论：

α 粒子轰击铍核所产生的射线是由质量数与质子相当、不带电的中性粒子流组成。

查德威克把这种粒子命名为"中子"，并于 1932 年 2 月 17 日将自己的实验报告成果投寄到《自然》杂志进行发表。他在投寄的信中明确写道："如果我们假设这种放射性辐射是由质量数为 1、电荷数为 0 的粒子，即中子所组成的，那么一切难题都可迎刃而解了。"值得一提的是，查德威克这一成果发表时间与约里奥－居里夫妇第一次发表的报告时间仅相差一个月！

后来，F.约里奥－居里在回忆中子的发现历程时，感慨地说："早在1920年的一次会议上，卢瑟福这位天才使用"中子"一词来代指一个假设的中性粒子。这个粒子和质子共同组成原子核。遗憾的是大多数物理学家包括我自己在内，没有注意到这个假设的重要性。但是它一直存在于查德威克工作所在的卡文迪许实验室的空气里。因此最后在那儿发现了中子。这既合乎情理也是公道的。"

中子的发现是原子核物理发展史上的一座重要里程碑。自此以后，科学家们不再将原子核简单地视为由电子和质子构成。德国物理学家沃纳·卡尔·海森伯（Werner Karl Heisenberg，1901—1976）率先提出原子核由质子和中子组成的学说，这一学说成功解释了元素周期表中各种元素的原子核构造。而且科学家们通过研究质子与质子、质子与中子以及中子与中子之间的相互作用，可以推测出原子核的全部性质。由于中子不带电荷，它就能在原子内部畅通无阻，也可能被某个原子核俘获，结果产生那些有质子或 α 粒子轰击时所不能发生的核反应，因此中子作为命中率高的轰击各种原子核的"炮弹"，已成为科学家们进行核科学研究的不可或缺的"武器"。

带着"母亲"行走的物理学家

车轮加了滑油,车子就辘辘地向前跑了。

——［瑞士］裴斯泰洛齐

1902年12月10日下午16:30,在瑞典斯德哥尔摩皇家音乐学院大礼堂,第二届诺贝尔物理学奖颁奖典礼隆重举行。获奖者中有一位精神饱满的中年人,他与众不同,胸前没有戴花,而是挂着一个五六寸大的金制相框,里面镶嵌着他慈祥母亲的画像。

"女士们先生们,请允许我带着相框领奖。因为我平时出席各种场合都会带着这个相框。"全场观众屏息凝视,继续认真听着这位诺贝尔物理学奖获得者的感言:"这是我的母亲。她在风高浪急的大海上的一条小木船里生下了我。生我时,母亲忍着剧痛默念着:我要挣扎,我要探出头来!这句荷兰古训一直激励着我,让我走上了今天的领奖台……"

在经久不息的掌声中,中年人思绪万千。其实,他很想对天堂的母亲说:"妈妈,儿子没有辜负您。我获得了物理学界最顶级的奖。"

他,就是塞曼。

1865年5月25日,塞曼出生在荷兰的宗内迈雷小镇。

塞曼的祖国荷兰,是世界上地势最低的国家之一。它位于欧洲的西部,西面和北面紧临北海,横贯欧洲的大河——莱茵河在此汇入大海。荷兰境内河流纵横,湖泊星罗棋布,全国近四分之一的国土都低于海平面。塞曼的家乡由一群

塞曼

小岛与一个半岛组成。早先,它常常淹没在大海的波涛之中,后来,荷兰人民为了争夺生存空间,才筑起了拦海大坝,将汹涌的海水"拒于家门之外"。

即使有了拦海大坝的守护,生活在这里的人依旧不敢掉以轻心,他们时刻准备着与惊涛骇浪搏斗。"我要挣扎,我要探出头来!"就是他们世代相传的警句,因为他们要时刻提防拦海大坝的决口和崩塌。

不幸的事还是发生了!

1865年5月24日深夜,人们一直担心的拦海大坝决堤了!霎时间,海水奔腾呼啸,像万千只猛狮巨兽,席卷而来。惊恐的人们四处奔逃,呼救声此起彼伏,场面凄凉悲切,惨不忍睹。在这混乱中,即将临产的塞曼母亲躺在一条无桨的小木船上,随波逐流。她虽已无力与波涛搏斗,但那句古训"我要挣扎,我要探出头来!"始终在她脑海中回响。她咬紧牙关,任凭风浪的颠簸。

突然,一个巨浪把她的小船推向了一个名叫佑尼玛丽的地方,小船被漂在水面上的一根大木头挡住了。这突如其来的撞击促使她分娩了。为了这条来之不易的小生命，她拼尽全力。直至次日午后，附近的人们听见婴儿的啼哭声，才闻声而来，把他们救起。

长大后的塞曼来到莱顿大学读书。他被城市的繁华和纸醉金迷的生活所吸引，沉迷于嬉戏游乐。至于学习，只得靠自己那点"小聪明"去应付。结果在当年的期末考试中他的物理成绩竟然不及格。

塞曼（右）与母亲（中）

母亲看着儿子拿回的成绩单，内心百感交集，她泪流满面地说："儿呀，早知道你是这样一个平庸之辈，我当初真不该在波涛中拼命挣扎！"接着，母亲就把他出生的情景讲了一遍……

母亲的话深深触动着塞曼的心灵，他一边亲吻着母亲的手,一边暗下决心要痛改前非,干出一番事业来!

从那以后,他改掉了恶习,一头扎进了知识的海洋中。毕业后,他因成绩优异被聘为莱顿大学物理系助教。当他把这一喜讯奔告母亲时,母亲却已重病缠身,生命垂危。待塞曼赶到病榻前,母亲已奄奄一息,她用尽全力吐出五个字:"挣扎,再——挣——扎!"随后便与世长辞了。

为了永远牢记慈母的教导,塞曼把母亲的遗像嵌在一个金质的小镜框内,不管到什么地方,也不管干什么事情,他都将其珍藏在自己的胸前。据说有一次讲课时,一道难题难住了他,他默默站在讲坛上,思索了足足十分钟。这时,他随手掏出珍藏在怀里的母亲遗像,默默凝视,最终灵感闪现,成功解开了这道题。学生们笑了,他自己也笑了。

是的,母亲虽然已离开了他,但她的形象、精神和教导却永远激励着他。

在莱顿大学期间,塞曼曾是荷兰物理学家卡麦林·昂纳斯(Kamerlingh Onnes,1853—1926)的学生，后来成为洛伦兹的助教。受洛伦兹的影响，塞曼深入研究了法拉第的电磁理论，对法拉第"用磁场来影响光"的观点印象深刻。在实验中，塞曼是一个极其细心的人，他不放过任何可能漏掉的微小效应。早在1862年，法拉第曾试图在磁场中观察光源发出的辐射是否随磁场而改变，但由于当时所使用的仪器分辨率低，他未能观察到任何变化。30多年后的1896年，塞曼通过改进后的仪器很快就发现了处在强磁场中的

1920年爱因斯坦（中）、埃伦菲斯特（右）在阿姆斯特丹拜访塞曼（左）

光谱线发生了分裂的现象,并且分裂的谱线条数与观察方向有关。他把自己的实验结果告诉导师洛伦兹,洛伦兹迅速给出了解释,这就是著名的"塞曼效应"。后来,塞曼效应在揭示原子结构等方面成为量子力学的一个重要实验证明。塞曼和导师洛伦兹因此共同荣获了1902年度诺贝尔物理学奖。

然而,在荣誉面前的塞曼并未停步,他继续在科学道路上探索,攻克了一个又一个难关。他成功判别了原子中电子电荷的正负,并测定了物理学中占有重要地位的常量——荷质比 $\dfrac{e}{m}$(比荷)。塞曼以其深厚的造诣和卓越的成就,成为誉满全球的伟大物理学家。

发现万"物"之律
追寻真"理"之光

父子同获一个诺贝尔奖

我们所赞美的不是贫穷,而是那些在贫困面前不低头的人。

——[古罗马]塞内加

1862年7月2日,英国物理学家、现代固体物理学的奠基人之一威廉·亨利·布拉格(William Henry Bragg,1862—1942)出生在英国坎伯利的一个贫苦家庭。尽管家境清苦,但他的父母仍竭尽所能,供

布拉格

他完成了小学和中学的教育。

布拉格是个懂事的孩子，他深知自己的学习机会来之不易，所以非常刻苦认真，成绩十分优异。后来被学校保送到威廉皇家学院。在这所学院里，多数学生家境殷实，与他们相比，布拉格依旧衣衫褴褛，那双破旧大皮鞋与他的双脚显得格格不入。富家子弟们常常嘲笑他，甚至恶意中伤，诬陷他这双破皮鞋是偷来的。

布拉格虽身处困境，但志气不减。他心中虽然有怒火，多次想要教训那些嘲笑他的人，但他深知，一旦闹起矛盾，违反校规，最终受害的只会是自己这个穷孩子。因此他选择了忍耐，尽量避免冲突。然而，一些流言蜚语终究传到了学校当局。

一天，他突然被召到学监的办公室。一进门，他便看到学监面色铁青，目光锐利，紧紧盯着他那双皮鞋。布拉格明白了，但他并未慌张，反而镇定自若地走到学监跟前，从怀里掏出一张已经磨损的纸片，递给了学监。

学监接过纸片打开来看。随着他的目光在纸片上移动,那铁青的面色也逐渐消失了。当他看完之后,脸上竟然露出了笑容,他轻轻地拍了拍布拉格的肩膀,表示歉意。而蒙受极大侮辱的布拉格再也控制不住自己的情绪,放声大哭,将长久以来积压在心中的委屈和积愤发泄出来。看到这里,人们也许要问,纸片上究竟写了什么?原来这是他父亲写给他的一封信,信中写道:"……儿呀,真的很抱歉,但愿再过两年,我的那双破皮鞋,你穿在脚上不再嫌大。……我抱着这样的希望:如果你有所成就,我将会引以为荣,因为我的儿子是穿着我的破皮鞋努力奋斗成功的……"

布拉格没有辜负父亲的期望,穷困和侮辱不仅没有压倒他,反而使他变得更加坚强。他下定决心,要用自己的实际行动为穷人争口气。正是因为他的勤奋和努力,再次以优异的成绩,被推荐到世界著名的英国剑桥大学去学习深造。从此,他便踏上了科学的征途,朝着他那梦寐以求的理想迈进。

1913年至1914年间,布拉格和他的儿子威廉·劳伦斯·布拉格(William Lawrence Bragg,1890—1971,英国物理学家)共同开创了一个极具重要性和深远意

布拉格在实验室

义的科学分支——X 射线晶体结构分析。随后,父子二人基于对 X 射线谱的研究,提出了晶体衍射理论,并据此建立了布拉格方程,还进一步改进了 X 射线分光计。这一成果受到了极大的关注。在他们的成果发表之后的第三年,父子二人就共同获得了 1915 年度诺贝尔物理学奖。父子两代同获一个诺贝尔物理学奖,这在历史上实属罕见!值得一提的是,25 岁的劳伦斯·布拉格也因此成为史上最年轻的诺贝尔物理学奖获得者!

沉默的"国宝"

没有任何动物比蚂蚁更勤奋,然而它却最沉默寡言。

——[美]富兰克林

1902年8月8日,一个小生命在英国布里斯托的一个寻常百姓家诞生了,他就是未来的世界著名英国物理学家保罗·狄拉克(Paul Dirac,1902—1984)。

狄拉克的父亲查尔斯是个守旧的人,对人传统古板,而自己却非常叛逆,是典型的分裂型人格。孩子出生在这样一个家庭,日子自然不会好过。狄拉克有一个哥哥和一个妹妹,兄妹三人都生活在父亲的严格和专制家教氛围中,哥哥因为不堪忍受自杀了。狄拉克与

1907年狄拉克（右二）的一家

父亲的关系始终紧张，他在家里常常保持沉默，直到父亲死后他才真正感到自由，并发誓要做最好的自己。

特殊的境遇使狄拉克成了一个渴求尽早独立谋生的人，他不愿成为父母的累赘。为此，在大学二年级读书时，他就开始了半工半读的生活。大学毕业后，父亲想让他在一家工程企业部门担任打样师，但他对此不感兴趣，于是他第一次违背了父命。后来，通过自己的努力，他谋得了一个电气工程师的职位。狄拉克后来表示工程教育对他产生了深远的影响：

"原先，我只对完全正确的方程感兴趣。然而我所接受的工程训练教导我要容许近似，有时候我能够从这些近似理论中发现惊人的美。如果没有这些来自工程学的训练，我或许无法在后来的研究中获得任何成果。那些要求所有计算推导上完全精确的数学家很难在物理研究中走得很远。"

1921年，狄拉克顺利通过了剑桥大学圣约翰学院的入学测验，并获得一笔70英镑的奖学金。在剑桥求学的岁月里，他第一次看到玻尔的理论，"我相当惊讶……居然能在特定的条件下，将牛顿运动定律用在原子里的电子。这些条件包括忽略电子辐射以及引入量子条件。我仍清楚记得，玻尔的理论当时给了我多大的震撼。我相信在发展量子力学的过程中，玻尔引入的这个概念是最大的突破"。狄拉克尝试着将玻尔的理论延伸。在海森伯的理论引导下，他发现了经典力学中泊松与海森伯提出的矩阵力学规则的相似之处。

狄拉克

基于这项发现，他得出更明确的量子化规则，即正则量子化。1926年，狄拉克发表了题为《量子力学》的论文，凭借这篇论文他获得了博士学位。

同年9月，狄拉克前往位于哥本哈根的玻尔研究所进行了一段时间的研究。在哥本哈根的这段时间，狄拉克继续量子力学的研究。1927年2月，狄拉克来到了德国的哥廷根，在那里他结识了德国物理学家马克斯·玻恩（Max Born，1882—1970）和美国物理学家罗伯特·奥本海默（Robert Oppenheimer，1904—1967）等物理大师。二战期间，狄拉克投入研发同位素分离法，并成功提取了铀235，这在原子能的应用上做出了关键性贡献。此外，狄拉克还发展了量子力学，提出了著名的狄拉克方程，并且从理论上预言了正电子的存在。1933年，狄拉克与薛定谔由于"发现了原子理论的新形式"而共同获得诺贝尔物理学奖。

$$i\hbar \gamma^{\mu} \partial_{\mu} \psi - mc\psi = 0$$

狄拉克方程

狄拉克的个性独特，以沉默寡言著称。他很少讲话，安静成了他的标签。他不愿与人争执，在情感上显得孤僻，似乎对外界缺乏敏感。然而，狄拉克并不是一个"无趣的计算器"，实际上他很喜欢看连环画和米老鼠电影，后来还迷上了一位美国女歌手。

在研究方法上，狄拉克有着坚定的信仰和独特风格，他追求数学之美，坚信基础物理是可以从优雅的数学中拾取的。狄拉克曾对学生说："自然的法则应该用优美的方程去描述"。狄拉克写上这句话的黑板至今仍被保存着。

狄拉克是继牛顿之后英国最伟大的理论物理学家，23岁时就成为量子力学的创始人之一，被英国人视为国宝。狄拉克荣获多项殊荣，包括英国皇家学会院士、皇家奖章、科普利奖章以及马克斯·普朗克奖章。1973年他获得功绩勋章，这是英国极高的荣誉。他曾拒绝被册封为骑士，因为他不想更改自己的名字。国际理论物理中心（International Centre for Theoretical Physics，简称ICTP）在每年8月8日狄拉克的生日时为杰出物理大师颁发ICTP狄拉克奖章，以此纪念狄拉克。

泡利和他的不相容原理

科学赐予人类的最大礼物是什么呢?是使人类相信真理的力量。

——[美]康普顿

在我国,有关原子结构的知识通常出现在高中的化学课本里,但呈现的知识几乎全部是物理学中的量子理论。其中,"泡利不相容原理"的内容只有寥寥十几个字,并不显眼,也不会引起读者对它的太多关注。然而,在物理学发展史上,沃尔夫冈·恩斯特·泡利(Wolfgang Ernst Pauli,1900—1958)的"泡利不相容原理"和海森伯的"矩阵力学"在建立新的量子理论——量子力学中起到了十分重要的主导作用。在此之前，所谓的旧量子理论，其特点在于科学家们没有完全脱离经典理论，总是试图将量子概念纳入某种广义的经典理论框架中，因而只获得了部分成功。之后的现代量子力学，则以海森伯的矩阵力学和薛定谔的波动方程为标志，两者在实质上具有等价性，物理学家可以根据需要选择其中一种形式。1926年，狄拉克和德国物理学家帕斯卡尔·约当（Pascual Jordan，1902—1980）各自独立建立了表象变换理论后，实现了矩阵力学和波动力学的有机统一，从而基本上完成了量子力学的数学描述。至此，量子理论的发展跨入新时代。

1900年4月25日，泡利出生于奥地利首都维也纳，他的父亲是一位医学博士。就在这一年，普朗克第一次提出了革命性的能量子概念。泡利从童年时代就受到科学的熏陶，在中学时

青年时代的泡利

就自修了大学物理学,展现出了非凡的才智和求知欲。

泡利高中毕业后,父亲把他介绍给慕尼黑大学的索末菲,当时,索末菲已是赫赫有名的物理学家。由于泡利在中学时就自修了大学物理,所以在与索末菲见面时,泡利提出不读大学课程而直接当索末菲的研究生。如果是别的老师,肯定会认为泡利是个很"狂妄自大"的人。幸好索末菲手下的天才学生多,海森伯也是其中的一位。所以他见怪不怪,同意泡利听他的课,只是怀疑泡利是否听得懂。谁知泡利不仅自信满满地表示肯定听得懂,甚至还主动要求参加为高年级研究生开的"讨论班"。索末菲虽然认为这或许是泡利的一时冲动,但还是允许他参加了。出乎意料的是,在讨论班里,泡利是最有才华的学生之一。

不久,泡利就写出了两篇关于相对论的论文,这两篇论文受到极高的评价。1920年,德国准备出版《数学科学百科全书》,德国数学家克莱茵(Felix Klein,1849—1925)作为该书的特约编辑,邀请了索末菲为该书写一篇介绍相对论的文章。索末菲接受这一任务后,竟把它交给了刚满20岁的泡利。如果我们知道,该百科全书的撰写者都是顶尖的数学家和物理学家,那么,我们就不能不佩服索末菲的胆识了。泡利不负索末菲的期望,以深厚的学术功底和出色的文笔完成了长达237页的综述性文章。后来爱因斯坦对这篇文章予以高度赞赏:"读了这篇成熟的、构思宏伟的著作,谁也不会相信作者是一个年仅21岁的青年人。思想发展的心领神会,数学推导的精湛,深刻的物理洞察力,流畅而系统的表述能力,文献知识的广博,题材的完备处理,评价的恰到好处——人们简直不知最先称赞什么才好。"

1921年,泡利凭借一篇氢分子模型的论文获得慕尼黑大学博士学位。1922年,他前往哥廷根大学担任玻恩的助教;同年秋天,受玻尔的邀请,他又前往哥本哈根大学理论物理研究所从事研究工作。在那里,他和玻尔密切合作。这位和量子概念同年出生的物理学家,因建立了不相容原理和预言了中微子的存在而被后人誉为"理论物理学的心脏",并获得了1945年度诺贝尔物理学奖。顺便提一下,海森伯在这一段时期的求学和工作经历与泡利颇为相似,海森伯因为创立了强调可观察量的不连续性的新量子理论——量子力学（矩阵力学），并发现了"不确定原理"，以及创造基本粒子中的同位旋概念于1932年获得诺贝尔物理学奖。

1925年，泡利提出了著名的泡利不相容原理，其核心思想是：在原子的同一轨道中不能容纳运动状态完全相同的电子。也就是说一个原子中不可能存在电子层、电子亚层、电子云伸展方向和自旋方向完全相同的两个电子。如氦原子的两个电子，都在第一层（K层），电子云形状是球形对称、只有一种完全相同伸展的方向，那么这两个电子的自旋方向必然相反。每一轨道中只能容纳两个自旋相反的电子，每个电子层中可能容纳的轨道数是n个，因此每层最多容纳的电子数是2n个。

泡利提出的这个不相容原理是怎么得来的呢？

在20世纪20年代初期，玻尔一直试图找到一个"完全自洽的和完整的"量子理论，以解释原子结构和元素周期表。1925年海森伯提出的矩阵力学与泡利的不相容原理，为玻尔的目标提供了支持。就第二个目标而论，玻尔曾经通过对元素的化学与物理性质的详细研究，并结合适当的猜测指出，原子中的电子是按组或者按壳层排列的。铪的发现进一步证实了玻尔推论的合理性，然而由于还缺少一个可靠的理论基础来解释为什么一个壳层只能容纳一定数目的电子，因此他的目标没能完全实现。1924 年英国物理学家斯通纳（E.C.Stoner，1897—1969）和史密斯（J.D.Main Smith）各自独立地提出了一个改进方案来对电子进行分组，这就为泡利提供了重要的启示。泡利进一步提出，除了描述原子中的一个电子已有的 3 个量子数外，还需要有第 4 个量子数来完全确定一个电子的定态。他所根据的原理是：由 4 个量子数所确定的每一个定态，只能被一个电子所占据。根据这个"不相容"原理，电子按能量高低形成了不同的"壳层"。后来的研究表明，这个原理对于除电子外的其他基本粒子也适用，因此被公认为自然界的基本规律之一。

最初，物理学家们对于如何从物理学上来解释泡利提出的赋予电子的第 4 个量子数，并未取得一致的看法。因为，与其他 3 个量子数不同，这个量子数在

泡利在上课

经典物理学中没有相似的量。1925 年 10 月，埃伦菲斯特在莱顿的两个学生塞缪尔·古德斯密特（Samuel Goudsmit，1902—1978，荷兰物理学家）和乔治·乌伦贝克（George Uhlenbeck，1900—1988，荷兰物理学家）对此问题给出了解答。乌伦贝克一直在思考着这个量子数与玻尔原子模型的关联。他认为既然原来的 3 个量子数分别对应电子的一个自由度，那么第 4 个量子数也应该对应电子的另一个自由度。也就是说，电子应该像地球一样除了绕太阳公转外，还要绕自己的轴线自转！他把这一想法告诉了古德斯密特，古德斯密特经过计算后发现居然与玻尔理论高度一致。两人兴奋地向他们的导师埃伦菲斯特作出汇报。埃伦菲斯特听后十分感兴趣，但并未立即做出决定，而是将这件事写信告诉了荷兰物理学家洛伦兹。洛伦兹经过计算，发现如果是电子自旋，那电子表面的旋转速度将是光速的十倍！

乌伦贝克知道后泄了气，甚至不打算发表自己的文章。出乎意料的是，他们的导师埃伦菲斯特早就把文章寄出去了。面对惊讶的学生，老师平静地安慰道："你们还年轻，做点蠢事也没有什么关系。"

后来，乌伦贝克和古德斯密特提出这一附加的量子数代表电子绕其自身轴旋转的说法逐渐被大家接受。在哥本哈根的英国物理学家托马斯（L.H Thomas，1903—1992）进一步澄清了这个思想，他指出的电子内禀自旋为光谱中长期存在的许多难题提供了答案，其中包括磁场中谱线的劈裂，即反常塞曼效应。这个问题曾是泡利早期科学研究中关注的重点。电子自旋的提出，使得乌伦贝克和古德斯密特在物理学界崭露头角。

然而，关于电子自旋的提出，泡利最初是激烈反对的，以至于美籍荷兰物理学家克罗尼格（R.L. Kronig，1904—1995）错失了一次重大发现的机会。泡利对理论的严密性、和谐性和完美性有着极高的要求，这使他一开始就宣称第 4 个量子数的"双值性"用经典方法是无法描述的。所以，当克罗尼格当面向泡利提出"电子自旋"时，立即遭到泡利的强烈反对。在当时的哥本哈根，泡利的意见在物理学界有极大的影响力，许多物理学家在发表自己的研究成果之前，都希望能够得到泡利的认可，以确保研究的严谨性和可靠性。泡利在批评时惯用诙谐或讽刺方式，言辞尖锐又直率，很少顾及被批评物理学家的声誉。这种批评方式使得泡利获得"物理学家的良心"这一称号。这在物理学的基础正经历着根本性修正的时期，起着很重要的作用。玻尔特别重视泡利的批评，有一次波尔说道："或许我们都怕泡利，但在另一方面我们又不怎么怕他，只是我们敢不敢于承认这点。"在这样的氛围下，克罗尼格没有勇气发表自己的思想，更多的就只能怪自己没有坚持己见。所以坚持己见是个人从事学术研究工作的首要和必要条件。

科学发现的优先权总是授给最先将他们的思想发表出来的人。克罗尼格的不幸和泡利的偶然失误，就这样成为物理学发展史上的一件憾事。

世纪科学伟人

在天才和勤奋之间,我毫不迟疑地选择勤奋,它几乎是世界上一切成就的催生婆。

——[美]爱因斯坦

1940年的某一天,在美国新泽西州普林斯顿的一条林荫小道上,一个小女孩正蹦蹦跳跳地走着。一个被称为20世纪科学伟人的老人走进了她的视线:

他满头白发,十分凌

爱因斯坦

乱——简直就像刚用电烫过一般。他个子不高，肥大的衣服随意地披在身上，就像人们为了保暖，将毯子裹在身上一样。他的鼻子大而醒目，眼睛深凹，嘴上长着粗硬的胡子。他走路时好像在思考着什么。对视中我发现他穿着拖鞋，显然忘记了换鞋子。我把他想象成童话中的人物，不知怎么竟从书里跑了出来……

多年后，她把这个永世不忘的经历绘声绘色地讲给自己的儿女们听。

这个老人的名字说出来大家一定耳熟能详，他叫爱因斯坦！

爱因斯坦是继伽利略、牛顿和麦克斯韦之后最伟大的物理学家。人们惊叹他取得的杰出成就，却又不

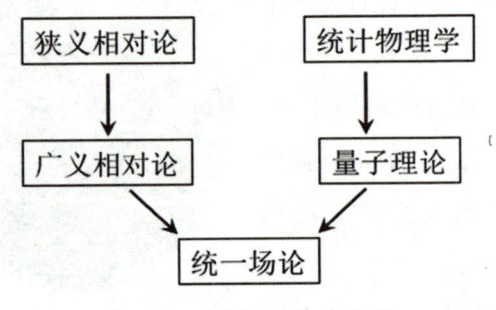

爱因斯坦对物理学的贡献

知道从何谈起,甚至有很多人还把 $E=mc^2$ 误解为原子弹的秘密!这确实让人有点忍俊不禁。

在爱因斯坦看来,普遍的自然定律,应当用一切坐标系都适用的方程来描述。无论我们选取什么参考系——静止的、匀速运动的或是加速的,物理学的规律和定律都应该有相同的数学表达形式,不会发生改变。一个经典而又简单的例子让你思考:

一个人处在自由坠落的电梯中,他作为观察者,感觉不到地球的引力,对他来说地球引力消失了。

你不觉得这有点意思吗?

爱因斯坦曾说:"上帝难以捉摸,但他并不邪恶。"他进一步解释道:"大自然隐藏她的秘密,是因为她本性高傲,而不是凭什么狡黠的手段。"

1919年,为了验证爱因斯坦的理论,两支英国科考队长途奔波去观察日食:一支队伍去了巴西的索布拉尔,另一支去了西非海岸外的普林西比岛。著名天文学家亚瑟·斯坦利·爱丁顿(Arthur Stanley Eddington,1882—1944)率领了后一支考察队。这两支考察队带来了一致的观察结果——太阳引力导致了附近的光线发生弯曲！这一发现使爱因斯坦的广义相对论理论得到了验证！从此他的名声大振，人们纷纷把他的理论视为新的科学革命，是划时代的成果。

确实，爱因斯坦的理论打乱了物理学家的阵脚，它把时间、空间、物质和能量等物理学基本概念紧紧地联系在一起了。

爱因斯坦的老师H.闵可夫斯基（Hermann Minkowski, 1864—1909，德国数学家）曾说："先生们，我想要介绍给你们的空间和时间观念是从实验物理学的土壤里生

爱因斯坦爱好小提琴

长出来的，也正是在这样的土壤中，这些观念才汲取了力量。这是些激进的观念。今后孤立的空间和时间的概念将会逐渐消失，只有两者的某种结合才是真实存在的。"

他夸奖自己的得意门生："简直不可想象！这个家伙居然能做出如此漂亮的事情！"

爱因斯坦被誉为20世纪的科学伟人是当之无愧的。然而，他提出的相对论在很长一段时间内被人认为是神秘莫测的理论，直到1922年瑞典皇家科学院才把诺贝尔物理学奖授予他，并指出是因为"他对理论物理学的贡献，尤其是他发现了光电效应的定律"。言外之意似乎是，这个诺贝尔物理学奖授予他更多是因为他在光电效应方面的成就，至于相对论，可能不是一个奖项所能完全体现的。

爱因斯坦不仅是一位伟大的科学家，而且还是一位爱好和平的战士。他一生经历了两次世界大战。在第一次世界大战期间，他坚决反对德国的侵略行径，主持起草了《告欧洲人民书》。因此他受到了反动分子的威胁恫吓，有人甚至以两万马克的高价悬赏暗杀他。

在希特勒上台后，他的家被查抄，财产被没收，著作被焚毁……他被迫离开祖国。他先后辗转法国、比利时和英国，最后于1933年定居美国，加入了美国国籍。

第二次世界大战期间，他两次挺身而出，坚决反对德国法西斯。当他得知德国法西斯在秘密研制核武器时，便在1939年8月2日上书美国总统罗斯福，建议美国抓紧原子能研究，以防止德国抢先掌握原子弹。美国政府采纳了他的建议，集中了一大批科学家，在1945年制成了第一颗原子弹。但是，当美国用原子弹轰炸日本后，他又懊悔地说："如果我事先知道德国人并没有研制原子武器，我就不会参与和支持制造原子弹了。"此后他致力于推动原子能的和平利用，造福人类。

1955年4月18日，爱因斯坦在美国新泽西州普林斯顿逝世，享年76岁。他生前曾风趣地谈论自己："上帝在恩赐聪明才智的时候似乎并不留情。他赐给我的只是骡子般的犟劲。但话又说回来，他也给了我超乎寻常的洞察力！"他也奉告人们："人只有献身社会，才能找出那短暂而又充满风险的生命的真正意义。"他总结自己的成功经验，为人们写下了一个值得永恒铭记的公式：A=X+Y+Z。其中 A 代表成功，X 代表努力工作，Y 代表休息，Z 代表谦虚谨慎。

天才也会有失误的时候

正确的结果,是从大量错误中得出来的;没有大量错误作台阶,也就登不上最后正确结果的高座。

——钱学森

1939年,人们在实验中发现,铀原子核在裂变时会放出巨大的能量,这一现象验证了爱因斯坦在30多年前提出的质能关系式 $E=mc^2$。科学界和新闻媒体再一次热烈赞扬爱因斯坦是一位伟大的天才,甚至把他描绘成典型的科学奇才。

当爱因斯坦听到这一消息后,兴奋地说:"我没有想到在我活着的时候这会成为可能。"而对于别人的夸奖，他却谦虚地解释说："有人称我为天才，我要向你们坦诚，我并不是天才。"

的确，爱因斯坦有时也会犯错误。与众不同的是他对于自己的错误从不固执，勇于公开承认并立即改正。正如他的好朋友美国物理学家罗伯特·安德鲁·密立根（Robert Andrews Millikan，1868—1953）所说："我欣赏爱因斯坦在科学上的诚实态度和他的伟大心灵。假若发现自己的立场在新的证据下站不住脚时，他能立刻调整自己的观点……"

爱因斯坦（右二）和美国物理学家迈克尔逊（Albert Abraham Michelson，1852—1931，左二）在一起

例如，在1937年，爱因斯坦得出了引力波不可能存在的结论，但当他听到别人指出这一结论的漏洞时，他虚心接受，经过反复研究后，改正了自己的错误。后来他在做有关引力波理论的第一次公开报告时，坦诚地承认了自己曾经的错误，并衷心感谢别人对他的帮助。

爱因斯坦作为20世纪最伟大的科学家之一，他始终关注着最新的科学发现，并以非同寻常的勇气随时准备放弃自己陈旧或者错误的观点。

有一年，在柏林召开的一个学术会议上，当一位著名科学家报告了自己的最新研究成果后，爱因斯坦直接而坦诚地对那位科学家说："我很抱歉，您的研究中所涉及的某些思想，是我不久前发现的；但是，遗憾的是，那些思想是错误的！"

面对爱因斯坦的直言不讳，那位科学家不解地问："您为什么要突然改变自己的想法，而不是从您以前所发表的见解出发，继续发展下去呢？"

爱因斯坦耸耸肩膀，苦笑了一下，然后幽默地回答："你是说，你要我跟上帝争论，向他证明他的行为跟我发表的思想不合吗？"

在爱因斯坦看来，科学家在科学探索的过程中，犯错误是难免的，因此公开承认并改正错误并不是一件羞耻的事。

有一次，夫兰克忧心忡忡地向爱因斯坦诉说他发现自己的一篇论文存在着一些不精确的地方，想更正，但又怕丢面子。爱因斯坦听后哈哈大笑，轻松地说："这有什么好为难的？谁做研究都难免会出差错，唯一不犯错误的办法就是不发表任何重要的意见！"

"我从未想及任何荣誉!"

应该明白,科学家的劳动是全人类的共同财富,而科学是其中最大公无私的部分。

——［俄］高尔基

1957年,著名物理学家杨振宁和李政道因发现在弱相互作用下的宇称不守恒现象而荣获了诺贝尔物理学奖。杨、李二人获得如此殊荣,而且这个荣誉来得如此之快,与著名的美籍华裔女实验物理学家吴健雄的工作密不可分。吴健雄对杨、李二人提出的假说在短时间内进行了实验验证,其贡献不容忽视。

吴健雄(1912—1997)出生于江苏省苏州市太仓浏河镇,自幼聪慧过人。1930年她成功考入国立中央大学（南京大学前身）理学院物理系。1936年她留美深造，考入加利福尼亚大学伯克利分校攻读原子物理学，并于1940年获美国加利福尼亚大学博士学位。她的学术生涯可谓辉煌。1944年3月吴健雄进入哥伦比亚大学原子弹研究重点实验室，参加了美国"曼哈顿计划"。1958年她当选为美国国家科学院院士，是当代世界最杰出的实验物理学家之一。

吴健雄

弱相互作用下的宇称不守恒现象是一项震惊科学界的重大发现。长期以来，在原子物理学的研究领域，描述微观粒子的物理量宇称守恒被视为科学界的一条基本规律。按照宇称守恒的观点，微观粒子的宇称在坐标反射中应保持不变，即镜像过程的宇称与原过程的宇称相同。因此，当杨、李二人提出自己的假说时，许多科学家都感到十分惊讶。但是，吴健雄听到这个消息后,显得十分冷静和理性。为了检验这两个年轻科学家提出的假说,她与美国华盛顿国家标准局的四位物理学家共同合作,选用钴-60的β衰变过程来进行实验检验。1956年年底,她和她的团队终于用实验证明,微观粒子的宇称只在部分物理现象中守恒,而在弱相互作用中并不守恒。吴健雄团队的这一实验结果不仅有力证实了杨、李二人假说的正确性,同时还引发了物理学家们对守恒定律的探讨和研究,这在原子核物理和粒子物理发展史上具有重要意义。

吴健雄在工作中

按照惯例,吴健雄理应与杨、李一起分享诺贝尔奖。但出乎意料的是,她并未获得这一崇高的荣誉,这一结果让一些科学家为吴健雄感到遗憾。

吴健雄对此却淡然处之。她兴奋地对朋友说:"杨振宁、李政道大胆地提出了在弱相互作用中的宇称不守恒的新理论,他们荣获最高科学奖是当之无愧的,这是我们华裔的骄傲,我为他们感到自豪。"

"难道您不为自己受到不公平的待遇而感到委屈吗?"有位朋友问。

"不,我并没有觉得不公平,"吴健雄谦虚地摇头说:"我只是在一旁帮了他俩一点儿忙而已。"

"不管怎么说,这很令人惋惜!"朋友同情地说。

"我觉得研究科学本来就是一件快乐的事情。"吴健雄平静、自豪地说。

周恩来总理接见袁家骝、吴健雄夫妇

朋友惋惜地说:"唉,你失去了一个千载难逢的荣誉啊!"

吴健雄认真地说:"此话差矣,我作为一个学者,从未追求过任何荣誉!"

这是多么高尚的情操!多么优秀的品格啊!吴健雄凭借高超的实验技艺、杰出的科学才能以及对科学事业无私无畏的奉献,使她赢得了同行的尊重,也因此被誉为东方的"居里夫人"。

1997年2月,吴健雄在美国纽约逝世,享年85岁。临终前,她嘱托丈夫,一定要将她的骨灰安葬在她的故乡苏州河畔。她的愿望实现了。著名的建筑大师贝聿铭亲自为她设计了墓碑,墓碑上刻着:"一个永远的中国人",这是对她一生最好的诠释。

1999年,为纪念吴健雄的科学成就和她对祖国的热爱与贡献,中国政府批准在东南大学校园内建造吴健雄纪念馆。2002年5月31日,在吴健雄诞辰90周年之际,纪念馆揭幕开馆,这不仅是对她个人的缅怀与敬仰,更是为她对科学事业和祖国发展所做贡献的肯定。

赤子之心

科学是没有国界的,因为它是属于全人类的财富,是照亮世界的火把;但是学者是属于祖国的。

——[法]巴斯德

(一)

1949年10月1日,中华人民共和国成立了!这一消息传到美国,让众多海外学子激动万分!他们满怀激情,只有一个共同的愿望:早日回到祖国去,投身到百废待兴的建设中!在这一片欢腾中,正在美国加州理工学院担任教授的中国科学家钱学森(1911—

2009）也心怀热切的愿望，对祖国的未来有着无限美好的憧憬。

钱学森打算回国的消息不胫而走。美国五角大楼办公室的海军次长丹·金布尔听到这个消息后大为震惊，愤怒地表示："我宁可把这家伙枪毙了，也不让他离开美国！他知道我们太多的重要机密，无论他在哪里，都顶得上五个师。"

钱学森

1950年8月23日的午夜，钱学森一家从华盛顿乘飞机前往洛杉矶。刚下飞机，他们便遭遇了移民局的阻挠，钱学森被告知根据一份所谓的法律文件，他们不能离开美国。原本他已安排好从这里搭乘加拿大太平洋公司的飞机离开美国，行李也已经装上驳船，将由8月29日从这里开往香港的美国"威尔逊总统号"运送回国。

面对这种无端的迫害，钱学森无奈退掉了飞机票，又回到加州理工学院。此后他的全家都受到联邦调查局严密监视。

更为过分的是，美国海关非法扣留了钱学森的全部行李，并诬称其中藏有机密文件，还给他扣上了"间谍"的帽子。经过长时间的检查，美国当局不得不承认行李中除了教学用书和复印的科学杂志上的文章外，其余都是钱学森自己的学术研究记录。

狼总是要吃人的，无论什么都无法改变它的本性。1950年9月9日，钱学森突然被联邦调查局非法逮捕，并被关押在特米那岛的拘留所内。他被冠以"企图运输秘密的科学文件回国"的莫须有罪名，并被宣布为"不受欢迎的异己分子"。尽管洛杉矶律师格兰特·库珀为钱学森进行了辩护，但辩护没有成功。

在拘留所，看守人员把他当作一个囚犯，进行了毫无人道的折磨和迫害。他们不允许他和任何人谈话，每天晚上每隔十分钟便开灯查看他的动向，使他无法休息。由于受到折磨，钱学森的体重在短短的十四五天内减轻了10多千克！那非人的拘禁生活，使他的精神受到的损伤更为严重。

世界上爱好和平和正义的人们，心都是相通的。加州理工学院的师生以及各界人士在得知钱学森被捕的消息后，纷纷向美国移民局提出强烈抗议。杜布里奇院长亲自前往华盛顿向有关当局要求释放钱学森，并由钱学森在学院的朋友们筹集了 15000 美元作为保释金。在强大的压力下移民局于 9 月 22 日被迫释放了钱学森。

事情并没有结束。在美国这个"自由世界"里，钱学森却没有半点自由，他的行动处处受到限制和监视，并且移民局明确规定他的活动范围不允许超出洛杉矶，实际上，钱学森被软禁了。美国联邦调查局的特

1955 年，钱学森在归国途中

务人员在监视钱学森时，经常闯进他的办公室和住宅，他的信件和电话也都受到了严密的检查。他的朋友和同事们，仅因一次简单的通话，便受到了联邦调查局无休止的盘问。

在接下来的整整5年中，钱学森为了减少对朋友们的影响，选择深居简出，与朋友们隔绝了往来。

但是，钱学森并没有屈服于压迫。他不断地向移民局提出要求，决心离开美国，回到祖国。每当联邦调查局的人员来到他的办公室时，钱学森都会对他们严加斥责和嘲讽，直到把他们撵出屋子。

在那漫长的黑暗日子里，钱学森一家受到了无数的折磨，他们日夜期盼着能够回到祖国的怀抱，投身于祖国的建设事业。为了一旦时机到来，他租住的房子都只签订了一年的合同，因此，五年之中他搬了多次家。

虽然斗争艰苦，但钱学森并不孤单，他不断得到来自祖国和世界各地正义人士的支持和声援。他深信，祖国是他坚强可靠的后盾，党和政府是关心他的，正义必将战胜邪恶。祖国人民正热切期盼着他的归来。

1955年，在周恩来总理的亲自过问下，钱学森终于如愿以偿回到了他盼望已久的新中国。

（二）

1911年12月11日，钱学森出生在上海的一个书香门第家庭。他的父母不仅注重他的学业，更在绘画、书法、音乐、歌舞、摄影、体育以及手工制作等方面为他提供了广泛的学习机会。尤为重要的是，父母经常向他灌输品行端正、行善积德的做人道理，这使他从小就养成了严谨求实的科学精神。1933年，钱学森在上海国立交通大学机械系读书期间，有一次班上老师把批阅后的考试试卷发给大家，钱学森看到自己的试卷100分，高兴之余却突然发现了一个小小的错误：在一个公式推导的最后一步，他把"Ns"写成了"N"。钱学森见状立即举手，向老师说明自己的错误，并主动请求老师扣分。老师走到他的座位旁仔细查看后，果真如此，于是将分数改为96分。钱学森这种诚实求真的态度，使老师深为感动。

1935年8月，钱学森大学毕业后，与获得庚子赔款奖学金的留学生们在上海登上了"杰克逊总统"号邮轮,启程前往美国留学。他选择去美国麻省理工学院攻读航空系硕士学位。由于怀揣着"学习知识,报效祖国"的坚定信念,他勤奋刻苦的学习精神和聪明才智很快受到师生们的赞赏。令人惊讶的是,他仅用一年的时间就获得了航空工程硕士学位。

1936年9月,钱学森转入加州理工学院攻读博士学位,并有幸遇到了他的恩师西奥多·冯·卡门(Theodore von Kármán,1881—1963,美国物理学家)教授。在冯·卡门教授的指导下,他开始了航空工程理论和应用力学的学习与研究。课余时间,钱学森发现自己对造火箭非常感兴趣,于是加入了一个火箭小组。火箭小组由五个人组成。他们利用周末晚上的业余时间,一边进行复杂的数学计算,一边用从垃圾堆和二手商店淘来的金属部件拼装火箭箭身,再将拼装好的火箭拉到距学院几英里外的阿罗约·塞科河谷里进行实验。后来他们的项目得到了冯·卡门教授的支持。

后来,冯·卡门教授向美国军方提议成立一个新的研究实验室进行导弹研究,这一提议最终促成了 NASA 下属的著名"喷气推进实验室"的成立。有趣的是,这个实验室的成立竟来自加州理工学院这五个年轻人造火箭的想法。

1944 年 10 月,冯·卡门教授应美国军方的邀请,

钱学森(中)和导师冯·卡门(右)

正式成为了美国陆军航空部的顾问,他把自己的得意门生钱学森也一道带到了华盛顿。钱学森因此成为了美国的空军上校,还被授予了一枚金质徽章,能够参与美国最高的国防机密。在这期间,钱学森为美国空军未来的发展规划提出了包括超音速导弹、核动力飞

行器等诸多设想。

美国军方为了表彰钱学森在空气动力学和核能领域做出的贡献，1945年12月，美国空军部长亲自为钱学森颁发了一张官方嘉奖令。麻省理工学院更是慧眼识珠，邀请年仅36岁的钱学森担任学校的终身教授。这一职位通常需要教授拥有20年以上的教学、咨询和管理工作经验才能获得。对于他个人来说，前途简直是一片光明。

然而，在美国留学和工作期间，钱学森无时无刻

钱学森在工作中

不在惦念着自己的祖国，他的信念明确而坚定：一定要报效国家，要把自己的才能投身到祖国的建设事业中去。美国人给予他的优厚待遇，在他眼里不过是浮云。

岁月流转，几十个春秋过去了。钱学森终于实现了他报效国家的崇高理想。回到祖国后，他立即投身到国家的国防科学事业。是他，为中国火箭和导弹技术的创建与发展立下了汗马功劳，被国人誉为"导弹之父""火箭之王"；是他，担负起新中国航天事业发展的重任，铸就了"特别能吃苦，特别能战斗，特别能攻关，特别能奉献"的伟大航天精神，被国人尊为中国航天事业的奠基人；是他，潜心研究工程控制论、系统工程理论，并广泛应用于军事、农业、林业乃至社会经济各个领域的实践活动，在中国现代化建设中发挥了重要作用……

钱学森把他的一生都奉献给了祖国。2007年，他被评为"感动中国十大人物"。在隆重的颁奖典礼上，为他精心准备了题为"民族脊梁"的颁奖词，颁奖词中这样写道："在他心里，国为重，家为轻；科学最重，名利最轻。5 年归国路，10 年两弹成。开创祖国航天，他是先行人，披荆斩棘，把智慧锻造成阶梯，留给后来的攀登者。他是知识的宝藏，是科学的旗帜，是中华民族知识分子的典范。"

发现核裂变"三分裂"的人

我没有什么特别的才能,不过喜欢寻根刨底地追究问题罢了。

——［美］爱因斯坦

钱三强(原名钱秉穹,1913—1992),是我国著名的现代物理学家。他出生在浙江湖州的一个书香世家,父亲钱玄同是我国近代著名的语言文字学家。钱三强曾因发现原子核裂变中的"三分裂"现象而蜚声物理学界。

父亲钱玄同对钱三强的教育极为"与众不同",并不对他的成绩做严格的要求,反而注重引导他的学习兴趣,这使得钱三强从小就养成了善于学习、独立自主的良好习惯。在孔德学校就读期间,钱三强逐渐成为一个兴趣广泛的学生,年仅13岁便加入了班级篮球队,他在比赛中所展现的拼搏精神和集体意识赢得了同学们的一致好评。一次,有一个体质不如钱三强的比较瘦弱的同学给钱三强写信,信中戏称自己为"大弱",而称当时还叫"秉穹"的他为"三强"。这封孩子们之间互称绰号的调皮信恰巧被父亲钱玄同看见了,他认为"三强"这个名字很好,并勉励儿子争取"德智体"全都强,从此,"钱秉穹"就正式改名为"钱三强"。

少年时期的钱三强就表现出一股不达

钱三强

目的誓不甘休的坚毅精神,所以他父亲风趣地对别人说:"这孩子属牛的,还真有股子牛劲呢!"正是靠了这股"牛劲",支撑钱三强一步一步登上了物理科学的殿堂。

1936年，钱三强毕业于清华大学物理系。1937年他远赴法国留学。在严济慈的引荐下，得以进入法国巴黎大学镭学研究所居里实验室和法兰西学院原子核化学实验室从事原子核物理研究。1940年荣获法国国家博士学位。1944年任法国国家科学研究中心研究员、研究导师。1946年获法国科学院的德巴微奖金。1948年回国，任清华大学物理系教授和北平研究院原子学研究所所长。1955年加入中国共产党。1958年任原子能研究所所长。1978年任中国科学院副院长兼浙江大学校长。他是中国科学院学部委员，1982年任中国物理学会理事长。

20世纪40年代中期，钱三强在研究中惊奇地发现，在一片裂变碎片的图像中，竟出现了第三个枝杈。为了探究这个偶然发现的现象，他夜以继日，不厌其烦地做了上万次观测，从对大量实验资料的分析中，他进一步发现，大约每三百个裂变中，就会有一个出现第三枝。

"这第三枝是裂变以后的第二次发射，还是三分裂呢？"钱三强苦苦地思索着。

钱三强（右）和导师伊雷娜·约里奥-居里（中）

经过反复实验、观测和分析，钱三强得出结论：这是三分裂！他迫不及待地将这一重要发现报告给导师伊雷娜·约里奥-居里，导师对他的发现赞不绝口，并热切地鼓励他尽快将实验结果整理发表。

铀核裂变的三分裂现象一经公布，立即在法国科学界引起了强烈的反响，科学家们纷纷认为，这一发现把人类对核裂变的认识又向前推进了一步。但是，也有物理学家对此持怀疑态度。

"难道我们的实验和分析真的有问题？"钱三强又陷入了沉思。于是，他再次对大量可靠的实验资料重新进行分析讨论和计算。经过几个月的奋战，他终于为三分裂找到了充足的理论依据。在导师的指导下，他撰写了一篇长篇论文，从实验和理论两个层面，全面详尽地介绍了原子核三分裂现象并提供了令人信服的论证。这篇论文分别用法、英两种文字同时在法国和英国发表。持怀疑态度的物理学家，在仔细阅读了论文后也最终选择了默不作声。

"牛劲"十足的钱三强，在科学探索的道路上，以坚定的信念和不懈的努力，成功驳倒了权威的怀疑，取得了辉煌的胜利，他的原子核三分裂这一新的科学发现不仅得到了世界物理学界的认可，更彰显了他对科学事业的无比热爱和执着追求。他的导师对此欣喜万分，盛赞这项科研成果是二次大战以来的最重大的成果之一。同时她还高度评价了钱三强，夸赞他对科学事业满腔热忱,聪慧有创见,更是一位优秀的组织工作者,在精神、科学与技术方面均展现出研究机构领导者所应具备的各种品德。

20世纪五六十年代,我国面临着严峻的国际形势,为保卫国家安全,我们果断做出了自主研制"两弹一星"("两弹"指原子弹和导弹,"一星"指人造地球卫星)的战略决策。作为忠诚的共产党员,钱三强凭着自己的"牛劲"和出色的组织、领导能力,在20世纪50年代领导建成了中国第一个重水型原子反应堆和第一台回旋加速器,为我国的核事业奠定了坚定的基础。在他的直接领导下,许多关键技术得到及时解决,为第一颗原子弹和氢弹的研制成功做出了重大贡献,他本人因此被誉为"中国原子弹之父"。1999年,作为为中国"两弹一星"事业做出突出贡献的23位科技专家之一,钱三强获得了国家颁发的"两弹一星"功勋奖章,为世人所敬仰。

作为我国现代物理学大师的钱三强,他的许多经典名言,给我们以智慧和启迪:

"青少年时期学校老师教给的系统知识,对人的一生来讲是很重要的,但只是你的全部知识的很小的一部分。知识主要还是靠工作和生活中自己抓来。"

"科学没有国界,科学家却有祖国。"

"古往今来,能成就事业,对人类有作为的,无一不是脚踏实地攀登的结果。"

钱三强的这些名言,不仅是他个人科研和人生经验的总结,更是对我们这一代人的鞭策和激励。让我们以他为榜样,不断学习、进取、创新,为祖国的繁荣富强和人类的科技进步贡献自己的力量吧。

见此图标
微信扫码

发现万"物"之律
追寻真"理"之光

学习的"秘诀"

人不光是靠他生来就拥有一切,而是靠他从学习中所得到的一切来造就自己。

——[德]歌德

在量子力学理论研究领域,物理学家们要解决的一个基本问题就是通过计算来描述和跟踪微观粒子的可能行为。他们常用的是薛定谔的波动方程和海森伯的矩阵力学两种量子力学表达方式。然而,当面对大量复杂繁琐的计算时,这些方法就显得力不从心了。正是在这样的背景下,美国物理学家理查德·菲利普斯·费曼(Richard Phillips Feynman,1918—1988)提出了他的创新方法——费曼图。

费曼图

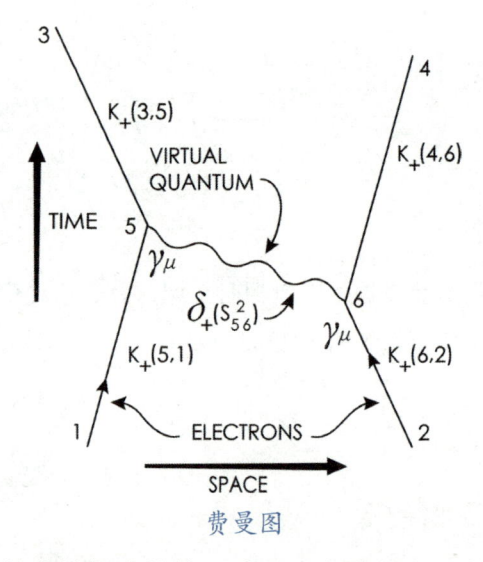

这是费曼提出的第三种量子力学的表达方式。看到此图你是不是有些疑惑,这样类似动画的图是怎么求解量子力学问题的?是的,即便是他的同事们都感到十分困惑,不知道如何在研究中去使用它。后来经过美国物理学家弗里曼·戴森(Freeman Dyson,1923—2020)的努力改造,将它转换为可操作的数学计算工具,研究人员逐渐掌握了其背后的逻辑和规律,可以在自己的工作中自如地运用它。于是,费曼图广泛传播开来,成为现代理论物理研究的一个有用的工具。

费曼是世界著名的美国理论物理学家、量子电动力学专家，被称为"纳米技术之父"。1942年，年仅24岁的费曼参与了美国秘密研制原子弹的"曼哈顿计划"。他在47岁时获得诺贝尔物理学奖，被认为是自爱因斯坦之后最睿智也是最可爱的理论物理学家。费曼提出的费曼图、费曼规则和重整化的量子计算方法是研究量子电动力学和粒子物理学的重要工具，他的著作有《费曼物理学讲义》《量子电动力学》《物理之美》等。

费曼出生在美国纽约皇后区小镇的一个犹太裔家庭。在他出生前，父亲曾说："要是生个男孩，那就要把他培养成科学家。"费曼从小就深受父亲的教育影响。有一次，父亲给他读《大英百科全书》中关于恐龙的

费曼

片段，当读到"恐龙的身高有 25 英尺，头有 6 英尺宽"时便停了下来，然后对费曼说："让我们想一下这是什么意思。也就是说，要是恐龙站在门前的院子里，那么它的脑袋能够到咱们这两层楼的窗户，可它的脑袋却伸不进窗户，因为它的脑袋比窗户还宽呢！"父亲巧妙地将恐龙这一遥远而又神秘的生物描绘得栩栩如生，仿佛触手可及，充满了实际意义。费曼听着父亲的描述，心中充满了兴奋与新奇。他并没有因为想象中的恐龙而感到害怕，反而对世界产生了探索的欲望。从此，他从父亲那儿学会了"翻译"，无论学到什么新知识，他都要琢磨出它们的实际意义。

费曼的父亲虽然只是一个制服销售员，但是很喜欢阅读科学类的书，他希望通过言传身教来影响孩子。不管是在一起读书、玩耍还是散步，父亲都会抓住机会培养费曼的科学品质。一天，费曼在玩马车玩具，在马车的车斗里有一个小球，当费曼拉动马车的时候，注意到了小球的运动方式，就找到父亲，说："我观察到了一个现象。当我拉动马车的时候，小球往后走；而我把它停住的时候，小球又会往前滚。这是为什么呢？"

"因为运动的物体总是趋于保持运动，静止的物体总是趋于保持静止，这种趋势就是惯性。不过为什么是这样，目前还没有人能完全解释清楚。"

费曼的父亲就是这样，用生动有趣的方式教育费曼。他用许多这样的实例与费曼进行兴趣盎然的讨论，没有给他任何压力。

一个人在童年时尝到的甜头，往往会成为长大后念念不忘的美好回忆。费曼正是如此，他在以后的科学研究生涯中，始终保持着对事物的好奇和研究兴趣，从中找回童年时那种奇妙的感受。

除了保持对事物的好奇和研究兴趣外，质疑权威和提出问题也是费曼灵魂里本能的一部分。在他看来，科学家的普遍责任是始终沉浸在"无知、质疑和不确定"之中。他曾经说过："我们绝对有必要留出质疑的空间，否则就没有进步，也就没有学习。不提出问题就没有知识，问题需要质疑。人们一直在寻找确定性，但其实没有确定性。生而无知是可能的，这一点也不奇怪。事实上，你只是以为自己知道，其实你的大部分行为都是建立在不完整的知识基础上的，你真的不知道它究竟是怎么一回事，也不知道这个世界的目的是什么，或者很多其他的事情你也都不知道，因此生而无知是可能的。"

费曼年轻的时候参与了原子弹研制，当时的大科学家玻尔特意把他叫去一起讨论问题，玻尔发现"只有这个年轻人不怕我"。费曼讨论问题的时候只关注科学本身，从未考虑过自己面对的是科学界的权威。正因为这种无畏的精神和对科学的执着追求，费曼在1986年被推选参加调查"挑战者号"航天飞机失事的原因。他简洁而直接地揭露了官僚阶层的无知，通过著名的"O"形环演示实验，只用一杯冰水和一只橡皮环就在国会向公众揭示了"挑战者号"失事的根本原因——低温下橡胶失去弹性。不幸的是，两年后费曼就与世长辞了，终年69岁。他去世后的第二天，学生们在加州理工学院10层高的图书馆顶楼挂起一条横幅，上面写着："我们爱你，迪克。"

作为20世纪最著名的物理学家之一，费曼不仅以其独特的观察世界和解决科学问题的方式而闻名，更

费曼在给学生讲课

因为他能用简单、直观和有趣的方式向所有人解释复杂的科学知识而备受尊敬，被称为"伟大的解释者"。他坚信，天才的真正标志是能够把事情解释得足够简单，简单到连一个8岁的孩子都能理解。他独创的快速学习方法被称为"费曼学习法"，其核心理念在于对所学知识的最终检验就是你是否有能力将其清晰地教给别人。他经常告诫大家，向他人解释或传授你所学的知识也可以帮助自己更好地学习和记忆。实际上把你学到的东西教给别人往往是学会并记住知识的最有效方法之一。

"费曼学习法"的大致思路如下。

1. 选择一个概念。选择一个你想要理解的概念，然后拿出一张白纸，把这个概念写在白纸上。

2. 讲授这个概念。假设你正在向一个小孩解释这个概念，需要让对方完全听懂。在这个过程中，你会在更深层次上理解这个概念，还会发现自己在哪些地方存在疑惑或理解得不够透彻。

3. 查漏补缺，重新学习。针对这些疑惑的地方，回到原始材料重新学习，直到你可以用基本的术语或简单的词语解释这一概念。

4. 简化语言表达。之后用你自己的语言而不是学习资料中的语言来解释概念。如果你的解释很冗长或令人困惑，那就说明你对概念的理解可能还不够透彻。此时你需要进一步简化语言表达，或者尝试与已有的知识建立一种类比关系，以便更好地理解它。

微软公司创始人比尔·盖茨十分欣赏"费曼学习法"，称费曼为"我从未遇到过的最伟大的老师"。

量子力学的兴起

> 科学的存在全靠它的新发现,如果没有新发现,科学便死了。
>
> ——李四光

我们现在生活在以计算机为基础的信息时代。现代计算机的硬件基础是半导体集成电路,PN 结是核心。大规模的集成电路刻在一张很小的芯片上,但它们所实现的功能却越来越强大。这背后都与量子物理紧密联系着。几乎每年甚至每月,量子新技术的变革,都在悄然改变着我们的生活方式,这是一个不争的事实。如果我们的物理学习还是停留在杠杆、滑轮等简单机械,或仅涉及基础电路,那显然是索然无味和失望的。量子力学的兴起为我们展现出了近代以来物理学发展的一道别致和动人心弦的风景。

（一）

如果说泡利的不相容原理为打开理解原子结构的大门提供了关键性的钥匙，那么这之后的6个月，海森伯引入的矩阵力学（现代量子力学的一种表达形式），则为描述原子现象提供了一种数学形式。

1901年12月5日，海森伯出生于德国巴伐利亚州小城乌尔兹堡。他的父亲是慕尼黑大学的一名语言学教授。1920年海森伯以优异成绩完成了中学学业，后转入路易·马克希米廉斯大学（即慕尼黑大学）开始学习物理、数学、化学和天文学。在大学第一学期，海森伯想加入德国数学家林德曼（Lindemann，

海森伯

1852—1939）的研讨班，却被拒绝了。他转而选择了索末菲作为自己的导师。索末菲教授精通原子理论，引导海森伯进入了新兴的量子论最前沿领域。索末菲对海森伯的才能青睐有加，曾写信给他的父亲称赞道："你的家庭出了一位物理学与数学奇才。"

1922年冬季，索末菲带领海森伯来到哥廷根大学参加玻尔关于原子结构的系列讲座。玻尔的系列讲座引起了海森伯的极大兴趣，他一有机会就找玻尔讨论问题，据说有一次讨论好几个小时后，彼此都还觉得没有尽兴，就又去哥廷根郊外边散步边交谈。那时他才21岁。年轻的海森伯给玻尔留下了深刻印象，两人的师生友谊也从此开始。

获得博士学位后，海森伯受聘于哥廷根大学，担任玻恩的助手。这时他的研究兴趣转到了量子理论。经过一年的努力，海森伯在哥廷根顺利通过了申请终身教授职位的资格考试。1924年9月他离开哥廷根，以洛克菲勒基金会研究员的身份奔赴他向往已久的理论物理学圣地——哥本哈根大学玻尔研究所。这是他人生的一个重要转折点。

在 1924 至 1925 年冬天，海森伯、玻尔和荷兰物理学家克喇末（H.A.Kramers，1894—1952）共同研究了光色散理论，对诸如原子中的电子轨道图像等产生了怀疑，泡利在与他的书信来往中对他的质疑也产生了共鸣。1925 年 5 月，海森伯因病在赫尔戈兰岛（Helgoland）疗养。在此期间，海森伯认为要解决一直困扰着旧量子论的关键问题，不能企图用坐标、轨道、周期等这些在原则上不能测量的量（他称之为虚假的量）来描述原子过程，而应用实际上能够观测的量，如原子发射的辐射强度和频率等。于是，海森伯放弃了任何用诸如电子轨道之类的经典概念来想象原子，而只把光谱提供的具体数据作为研究的对象。循着这个新的方案，海森伯从列出的一系列数学规则中惊奇地发现：两个物理量的乘积并不满足乘法交换律，而取决于它们相乘的顺序，即 $AB-BA$ 不等于零，而是等于 $h/2\pi i$，也就是说这两个物理量是非对易的。海森伯利用这些数学规则还计算出一个原子的定态能量值以及由一个定态到另一个定态的跃迁几率。病愈后他回到哥廷根，很快就完成了创立量子力学的第一篇文章《运动学与力学关系的量子理论重新解释》。这篇文章于 1925 年 7 月发表在《物理杂志》上。海森伯后来叙述他自己对这一新发现的印象时说:"最初,我深为惊恐。我感到,通过原子现象的表面,我正在窥测着一个奇妙的内部世界,面对自然界如此慷慨地展现在我面前的丰富的数学结构,我感到眼花缭乱。"

玻尔(左)、海森伯(中)和泡利(右)沉浸在讨论中

海森伯当时对矩阵数学理论还一无所知。他把自己的这一想法告知玻恩时,玻恩很快意识到,如果把海森伯的思想完全表达出来,他们需要与矩阵代数打交道,而玻恩从学生时代起就对这种代数非常熟悉。于是,玻恩与富有数学才能的学生约当合作写了第二

篇文章，来澄清和发展了矩阵力学形式。而巅峰之作则是玻恩、海森伯和约当三人合作完成的第三篇文章。在这篇文章中，他们把新的量子力学表达为一个在形式上完整和自洽的数学体系。几乎同时，狄拉克在两个月前看到海森伯的第一篇文章的证明后，也得出了类似的表达形式。

哥廷根的理论家们创立量子力学形式的新闻很快在全欧洲的物理学界传开了。哥本哈根的玻尔和他的团队密切关注着矩阵力学的发展，因为矩阵力学是量子理论的基础。玻尔在给卢瑟福的信中写道："由于海森伯最近的工作，我们的期望一下子变成了现实，虽然它只是被我们模糊地认识到，但这一直是我们长期以来所渴望的核心。"泡利此时的心情与玻尔一样，他在给克喇末的一封信中说："我怀着喜悦的心情向海森伯的勇敢假定致敬……"实际上，泡利是第一个利用海森伯的这些"勇敢假定"来计算氢原子光谱的人，从而验证海森伯的这些"勇敢假定"是切实可行的。

然而，爱因斯坦对此有不同的看法。1926年初夏，海森伯在柏林大学的讨论会上与爱因斯坦见面了。会后，他俩进行了一次长达数小时的谈话。爱因斯坦认为，坚持利用可观测量来建立物理学理论是不正确的。相反，他认为是物理理论决定了我们能够观测到的事物。爱因斯坦的观点有如点穴一般击中了矩阵力学的要害，因为用矩阵力学来描述某一特定的实验时，总会遇到困难。这使得海森伯开始怀疑自己的整个研究方法是否正确。一个星光灿烂的夜晚，他独自走在林荫小道上，爱因斯坦的观点突然在他的脑海中浮现："是啊，人们应假定自然界只允许那些能够在量子力学的框架中描述的实验情况发生。"此时，海森伯不再去追问如何用理论来描述实验情况，而是反过来思考：是理论本身决定什么东西能被实验观测到。他返回研究所，按照这一思想重新研究矩阵力学。一个惊人的结论出现了：人们无法同时知道一个粒子的位置和动量！测量位置（动量）的任何实验，必然导致人们对动量（位置）测量的不确定性。这两个变量的不确定性的关系由以下公式表示：

$$\Delta q \cdot \Delta p \geqslant \frac{h}{4\pi}$$

这一关系不仅仅只适用于位置和动量，对于其他各对"共轭"的变量都存在类似的关系，这些关系揭示出量子力学和经典力学在本质上的差异。正是由于这种"不确定性"关系带来的限制，量子效应才得以显现。海森伯的这一发现，也为矩阵力学的基本关系 $pq-qp=\dfrac{h}{2\pi i}$ 提供了支持；正是因为这种"不确定性"关系，动量 p 与位置 q 的乘积不满足乘法交换律。

泡利得知海森伯的这一发现后，异常兴奋，他在回信中写道："新时代的曙光已经照耀，量子理论的时代已经到来。"1927年4月，海森伯将他的发现整理为一篇27页的论文，发表在《物理杂志》上。

（二）

话说哥廷根、哥本哈根和剑桥正在为海森伯和狄拉克取得的成就而欢欣鼓舞之时，苏黎世大学的物理学家薛定谔正在沿着法国物理学家 L. 德布罗意（Louis de Broglie，1892—1987）的"物质波"酝酿着关于量子力学的另一种数学表达形式——波动力学。当然，他们之间毫不知情。

法国贵族出身的 L. 德布罗意自幼就失去了双亲，在年长 17 岁的哥哥 M. 德布罗意（Maurice de Broglie, 1875—1960，法国物理学家）精心培养下，逐渐步入物理学殿堂。M. 德布罗意不仅是一位

L. 德布罗意

杰出的物理学家，还是 1911 年在比利时布鲁塞尔召开的第一届索尔维会议的秘书。索尔维会议由比利时实业家欧内斯特·索尔维创立，是一个世界级物理明星的会议。1921 年，L. 德布罗意很想去参加第三届索尔维会议，但未能如愿获得邀请。于是他立下誓言下次一定要以一项重大发现来使自己受到邀请。

在哥哥的帮助下，L. 德布罗意开始潜心研究光的波动性和微粒性。光是电磁波，但它在能量的传递以及物质的交换中表现出微粒性。这不仅有大量的实验证据支持，而且他自己在哥哥的实验室参与的实验结

果也证实了光的这两个方面的特性。然而，在纯粹的微粒学说中，找不到任何依据来解释爱因斯坦提出的光量子学说，因为在爱因斯坦所用的方程式中含有描述波动性的特征量——频率 v。基于这一特点，在讨论光的本质问题上就不得不同时引入微粒思想和波动周期思想。

随后，L. 德布罗意就仔细研究起光的微粒说和波动说的发展历史，从中注意到 19 世纪英国数学家、物理学家威廉·罗文·哈密顿（William Rowan Hamilton, 1805—1865）曾经阐述过的几何光学与经典粒子力学的相似性，受此启发，他通过用类比方法提出了"物质波"假说，认为这是一种与具有一定能量 E 和动量 p 的粒子相关联的波，它的频率及波长分别为

$$v = \frac{E}{h}, \quad \lambda = \frac{h}{p}$$

他还把原子中的"定态"与经典力学中的"驻波"联系起来，这种联系虽然不是很确切，但它的物理图像很富有启发性。

L.德布罗意的研究成果得到了爱因斯坦等物理学家的肯定，他终于如愿以偿地参加了1927年第五届索尔维会议。1929年，他因此获得了诺贝尔物理学奖。

话分两头。L.德布罗意的研究成果以及爱因斯坦等人对此的赞许

薛定谔

和肯定传到了薛定谔那里，给他留下了深刻的印象。受L.德布罗意的物质波思想启发，薛定谔提出：电子绕原子核的轨道运动，应当被理解为电子驻波的概念。在原子中的分离定态的序列，将对应于限制这些电子驻波的可能方式，它可以通过解波动方程而得到，这与过去在经典物理中处理波动现象的办法有着异曲同工之妙。从1926年1月27日到6月23日不到5个月的时间里，薛定谔接连发表了关于量子理论的6篇文章，完整地构建了他的波动力学数学形式，并证明了

波动力学与矩阵力学是等价的。

$$i\hbar\frac{\partial}{\partial t}\Psi = \hat{H}\Psi$$

薛定谔波动方程的算符表达形式

薛定谔的波动力学一经出现，很快就受到了爱因斯坦、普朗克等物理大家的热捧和推崇。爱因斯坦在给一位朋友的信中写道："我们这些无生气的科学家中，此刻的兴奋之情取代了往日的平静与顺从。"普朗克特地邀请薛定谔到柏林在他主持的学术讨论会上作报告。此时，一生困于量子理论、年高德劭的普朗克，看到眼前的波动力学展现出的对量子理论的精确表达，两眼中放着光芒，他的喜悦之情溢于言表。

物理学家们对待薛定谔的波动力学为什么会怀有如此感情呢？其中一个原因是薛定谔的波动方程是所有物理学家都熟悉的数学工具，这使得他们几乎不再需要依赖那么高度抽象的、称之为矩阵的"新工具"。波动力学的另一个优势在于，与矩阵力学比较，波动力学在解决具体问题时更为直观和便捷，且其预测结果与实验结果能够相互印证。

爱因斯坦和普朗克在一起

尽管波动力学与矩阵力学殊途同归，且波动力学更受物理学家们青睐，但在描述和解释物理现象时，薛定谔对方程中出现的波函数"Ψ"（音"普赛"）的解释却不尽如人意。他把 Ψ 的平方解释为电荷密度，似乎电子已化成了一团模糊的云，但事实上并不存在所谓的"电子云"。

先生有普赛，
运算殊无碍。

> 普赛究云何？
> 浑忘作交代。

这是德拜的一个青年助手写下的一首四行诗，很好地表达了物理学家们当时对 Ψ 解释的困惑。

就这样，关于量子力学的物理解释又成了物理学家们在接下来的若干年里一个核心且具有决定性的研究议题了。

（三）

薛定谔建立的波动方程虽然受到推崇，但他本人对波函数 Ψ 的解释并没有为大家普遍接受，对波函数 Ψ 的解释还存在许多疑团。事实上，关于新出现的量子力学的解释问题，其实并不是只有这一个。因此，利用量子力学的数学表达形式，把各个实验中表现出来的波动现象和粒子现象做出统一、完备的解释，就成了物理学家们追求的目标。

首先迈出这一步的是玻恩。"量子力学"这一名称也是他提出来的。

玻恩在柏林大学期间，与爱因斯坦结下了深厚的友谊。1926年6月，玻恩在一篇题为《散射过程的量子力学》的短文中提出了波函数的统计解释。他认为，L.德布罗意提出的"物质波"或薛定谔波动方程中的波函数，并不是代表物理量在空间分布的经典波

玻恩

动，而是描述粒子在空间概率分布的概率波。玻恩是哥本哈根学派中最早接受光量子学说的人，提出这样的解释自然受益于爱因斯坦。爱因斯坦自从提出光量子学说后，一直致力于对辐射的波动结构和量子结构建立统一的数学理论，坚信光的波粒二象性可以因果性的联结起来，并为此做了许多尝试。尤其是爱因斯坦把光波振幅解释为光子出现的概率密度的思想给了玻恩很大启发，玻恩把这一思想推广到波函数上，提出波函数概率解释的猜想，并成功应用于散射过程的讨论。20多年后的1954年，玻恩被授予诺贝尔物理

学奖，此时他已 72 岁了。

几乎与此同时，1926 年 10 月，玻尔邀请薛定谔访问哥本哈根。在访问期间，薛定谔做了一个题为《波动力学的原理》演讲。在这次演讲中，他提出的观点是：波函数本身代表一个实在的和物理的可观测量，用于描述物质（粒子）的分布。举例说，一个粒子可以想象成一个物质波束或波包。此外，关于辐射，他并不认同玻尔的定态"跃迁"理论，而是把它解释成两个定态的物质波的同时激发，是物质波之间的干涉导致辐射的发射。显然，薛定谔的解释与玻恩相反，但他的观点的要害在于这些过程能够用连续的数学函数来描绘，因而不连续性或量子"跃迁"的概念可以摒弃于物理学之外。这些有说服力的论据已使薛定谔赢得了很多的支持者，其中包括普朗克、爱因斯坦以及其他一些老一辈的物理学家。这些人希望借此回到更为熟悉的经典物理学概念，以避免量子理论带来的概念困扰。但是玻尔与海森伯并未被薛定谔的论据所说服。他们认为薛定谔把一个正确的理论形式作了错误的诠释。

尽管玻尔与薛定谔在量子力学的诠释上存在分

歧，但他仍然感到波动概念与粒子概念在量子力学中有着不可或缺的地位。尤其是1927年初，在美国物理学家戴维逊（C.J.Davisson，1881—1958）与美国物理学家革莫（L.Germer，1896-1971）和英国物理学家G.P.汤姆孙（George Paget Thomson，1892—1975）关于电子对晶体的衍射实验证实了物质的波动性后，玻尔更加坚定了自己的这一想法。玻尔的能力就在于他总能凭借神奇的直观结果来理解物理现象，而不是形式上的数学推导。他相信，量子力学的最终形式应该是波动和粒子两个概念和谐统一。可是，海森伯却不愿意承认波动概念有什么重要作用。在海森伯看来，作为物理学的普遍研究方法，数学形式可以指出量子力学的进一步发展道路。只有深入研究狄拉克与约当的工作，才能找出量子力学的物理诠释。狄拉克与约当的工作确实为量子力学提供了更为普遍的数学表述。在各自的研究道路上，海森伯发现了"不确定性原理"，这一原理表明，经典物理量应用于微观领域时带来了根本性的局限——在所涉及的问题中，当涉及普朗克常数 h 是一个可忽略的量时，可以用经典力学的方法来处理；当 h 不能忽略时，必须考虑研究对象的波粒二象性，用量子力学的方法来处理。与此同时，玻尔在"协调"波动和粒子的工作中逐渐形成了他的"互补原理"思想。

海森伯的工作为理解量子力学理论与实验的联系提供了必要的数学支撑。玻尔面临的挑战是要进一步弄清楚"不确定性原理"在逻辑与认识论上的意义。在玻尔看来，对于不能直接观测的原子客体的行为，只能通过实验产生的某种宏观效应来间接地了解。而实验和观测结果都只能用经典语言来表述。但是，用经典语言来描述微观现象，就要受到"不确定性原理"的限制，尤其是在处理电子和光子的粒子性和波动性时。在那里，我们必须和两个彼此对立的图景打交道，而每个图景都指向经验证据的一个本质方面。尽管这些现象表面上似乎相矛盾，但玻尔强调它们实际上是互补的。互补性的意义就在于，只有这些现象综合起来才能揭示出一切关于原子客体的明确知识。比如电子，它既不是经典的粒子，也不是经典的波，这两种对立的概念都只揭示了电子属性的一个方面，只有将这两个既互相排斥又互相补充的概念结合起来，才能得到有关电子知识的全貌。在讨论"粒子和波动"的二重性得出"互补原理"后，玻尔更进一步明确指出，某些经典概念的应用不可避免地排除另一些经典概念的应用，而这些被排除的概念在另一条件下又是描述现象不可或缺的；必须且只有将所有这些既互斥又互补的概念汇集在一起，才能而且定能形成对现象的详尽无遗的描述。按照玻尔的这一思想，对微观体系采用粒子图像的描述和采用波动图像的描述是互补的。由于波动解释满足因果性原则，因而不再容许对物理体系作时空描述；粒子解释满足时空要求，却违反因果性原则。所以，时空描述和因果描述相互排斥又相互补充。

玻尔第一次公开阐述他的"互补原理"和对量子理论的诠释是在1927年9月意大利科莫举行的纪念意大利物理学家伏打逝世100周年大会上。在这次会议上，玻尔做了题为《量子假定及量子理论的最近进展》的演讲，然而与会者对此反应冷漠。几个星期后，第五次索尔维会议在比利时的布鲁塞尔举行。这一会议每3年举行一次,汇聚了二三十位当代最杰出的物理学家。此次会议的议题是"电子与光子",旨在探讨并解决"经典理论与量子理论之间的矛盾"。受这次会议的主席洛伦兹邀请,玻尔首次参加这个会议并发表了演讲。在这次演讲中,玻尔明晰阐释了他的观点:时

1927年第五次索尔维会议参加者。前排左起依次为:朗缪尔、普朗克、居里夫人、洛伦兹、爱因斯坦、朗之万、盖伊、威尔逊、查理逊。第二排左起依次为:德拜、克努森、布拉格、克拉墨斯、狄拉克、康普顿、德布罗意、玻恩、玻尔。站立者左起依次为:毕卡、亨利欧、欧仁菲斯特、赫岑、德顿戴、薛定谔、弗夏菲、泡利、海森伯、法乌勒、布里渊

空坐标与因果性要求在描述物理现象时是既互相补充又彼此排斥的。他强调正是二者才构成了经典力学的基石，这也是经典力学的实质。我们不应再坚持用因果性来描述时空坐标了，决定论的经典理论应该由量子理论来代替。量子理论不仅恰当地推广了经典理论，而且对自然界的描述本质上是统计性的。

与科莫会议时的冷淡不同，玻尔的这次演讲在会议上引起了轩然大波。坐在台下的物理学家们议论纷纷之余，都不约而同地把目光投向了爱因斯坦，期待他此时作出反应。面对众人的期待，此时的爱因斯坦立即亮明了态度：他完全不能接受这种对经典物理学的背离！在接下来的几天里，他提出了许多思想实验来向玻尔的"互补原理"及其量子力学诠释发起挑战，在玻尔、海森伯、泡利等人的精心辩护和解释下，问题和矛盾逐一得以化解。尽管爱因斯坦坚持认为，物理学必须建立在因果性与连续性的基础之上，来自哥本哈根的量子力学诠释顶多只能是一个暂时的理论方案，但与会的大多数物理学家却认为玻尔他们对量子力学的诠释是站得住脚的，是唯一可行且令人满意的理论方案，应予以采纳。

至此，近30年来物理学家们建立的量子力学以第五次索尔维会议为标志告一段落，玻恩的波函数统计解释、海森伯的"不确定性原理"和玻尔的"互补原理"，共同构成了对量子力学的正统解释，史称"哥本哈根诠释"。

上帝在掷骰子吗

科学总是肯定或否定，哲学却是追问……哲学是批判，或者更确切地说，用一个不好理解的字眼来表示，它是反思。

——［法］拉克鲁瓦

每个熟悉现代物理学的人都知道，爱因斯坦对量子力学的"哥本哈根诠释"是持怀疑态度的，关于他的每一本传记都会提到他说的那句名言——上帝不会玩骰子。他的原话是："量子力学是很动人的。但有个内在的声音告诉我，它还不是那真正的东西。这个理论产生了很多结果，但它却几乎不可能使我们更接近上帝的秘密。我相信，他不会玩骰子。"在爱因斯坦看来，客观实在和因果性是构成物理世界的两大支柱，因此他始终认为量子力学的"哥本哈根诠释"只是一个暂时的、不完备的理论方案。他坚信，对于客观实在的描述仍然存在着许多未知的谜团，未来需要一个新的理论去揭开。在这个过程中，量子力学将扮演一块"试金石"的角色，帮助我们逐步接近真理。

爱因斯坦对量子力学的"哥本哈根诠释"诘难始于1927年10月的第五届索尔维会议，这次会议开启了他和玻尔的一场伟大的论战。在这次会议上，爱因斯坦和玻尔、海森伯、泡利等讨论了一个简单的实验——让一束电子打击带孔的固定屏，穿过小孔的电子束形成的衍射图形，可以在第二个屏上观察。爱因斯坦指出：设 A、B 是第二个屏上的两个不同的点，如果知道某个电子到达 A 点，那么就确定它没有到达 B 点。这似乎表明了量子力学在描述个别电子的行为时存在不完备性。

面对爱因斯坦的诘难，玻尔等人做出如下辩护：量子力学的确适用于个别过程，但由于"不确定性原理"的规定和限制，我们不能从给定的实验装置中获得信息。量子力学并不支持对电子的定域性进行完全的因果性描述。在这个实验中,个别电子的最终位置是不可能精确预测的。不过,关于个别电子以多大概率到达第二个屏上的某个点,量子力学是能够预测的。当然,预测的证实需要足够多的重复,以获得足够精确的概率分布。

在接下来的几天中,爱因斯坦还提出许多思想实验来向玻尔挑战,但都得到了辩护。玻尔他们的辩护虽然赢得了大多数与会物理学家的支持,但爱因斯坦

玻尔和爱因斯坦参加1930年的第六次索尔维会议

仍然坚持自己的信念。

1930年，在第六次索尔维会议上，爱因斯坦和玻尔的论战再次掀起高潮。这次，他设计了一个十分精巧的思想实验，以对抗"不确定性原理"。他的这个史称"光子箱实验"是这样的：给定一个充满辐射的匣子，在其一壁上装有一个用时钟控制的快门，匣子发出一个光子的能量可以通过测量匣子前后的质量变化来确定，而释放一个光子的时间可以由时钟测定。爱因斯坦从这个思想实验中似乎找到了一个违反能量—时间的"不确定性原理"的证据。

这对玻尔真是一个巨大的冲击！他没能马上找到答案。那天晚上，玻尔陷入深深的沮丧之中。他深知如果爱因斯坦是对的，那么量子力学的基石将会受到严重动摇。这个场面被比利时物理学家莱昂·罗森菲德尔（Léon Rosenfeld，1904—1974）亲眼目睹，他后来回忆道："我永远不会忘记这两个对手离开俱乐部的情景。爱因斯坦神情自若，带着讥讽的微笑，从容不迫地走着，而玻尔疾步赶上去，脸上写满了激动和焦虑……但令人意想不到的是，第二天早上，玻尔赢了。"

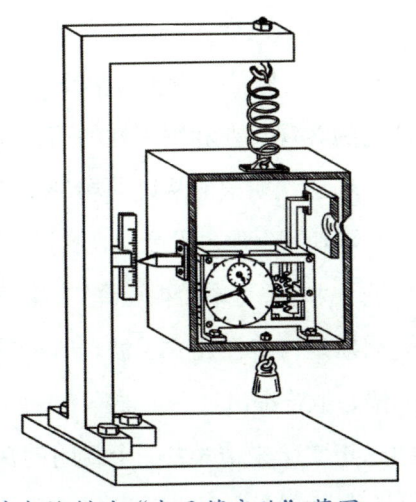

玻尔绘制的"光子箱实验"草图

在那天晚上,玻尔认认真真地把爱因斯坦提出的"光子箱实验"绘制成草图,然后思考着如何论证。最终他找到了办法:按照爱因斯坦的广义相对论,在测量匣子的前后,匣子在引力场中发生了位移,这会干扰控制光子发射的时钟的速率,从而导致一个误差。这正是满足关于能量—时间的"不确定性原理"的数量!

经过玻尔如此有力反驳后,爱因斯坦在会议上便不再去寻求矛盾了。到了1931年,他对量子力学的立场发生了显著的改变——他不再认为量子力学是错误的了,但他还是坚信,量子力学并不是最终的理论。对物理理论的客观实在和因果性的信念驱使他去建立自己的统一场论,期望能从统一场论中推导出量子力学。然而,终其一生他也没能实现自己的愿景。

质疑量子力学"哥本哈根诠释"的物理学家并不仅仅只有爱因斯坦,曾经建立了波动方程的薛定谔也是其中的一位。他曾提出过一个被称为"薛定谔猫佯谬"的著名的思想实验来诘难:一个封闭的盒子里装有一只猫和一个与放射性物质相连的释放装置。经过一段

薛定谔猫佯谬

时间之后,放射性物质有可能发生原子衰变,通过继

电器触发释放装置，放出毒气，把猫毒死；也有可能不发生衰变，猫继续存活。薛定谔据此指出：根据量子力学的原理，放射性原子始终处于衰变和未衰变两种状态的叠加态。因此，只要盒子保持关闭状态，那只猫就会处于既死又活的不确定状态，这显然是十分荒谬的。

  薛定谔的这一思想实验将微观世界的不确定性拓展到了宏观领域，以此来说明量子力学的"哥本哈根诠释"是不完备的。但量子力学给出的解释是：原子的态由波函数来描述。在做测量之前，原子是否衰变是无法确定的；但在测量的瞬间，原子会从不确定的叠加态变成一个确定的态，这个过程被称为波函数塌缩。这意味着只要对原子是否衰变进行测量，就不存在叠加态，只有确定的态。事实上，是测量行为导致原子不再是一个孤立的系统，外界对原子的扰动导致原子的叠加态消失。在薛定谔的这个思想实验中，猫对原子的扰动始终存在，这就使得原子的状态不会是叠加态，而是处于确定的状态。所以，既死又活的猫在现实中是不会存在的。

如今，量子力学作为划时代的科学发现，已经彻底改变了整个人类世界，并且还在进行中。尽管如此，关于量子力学诠释的争论还远远没有结束。有趣的是，玻尔后来也意识到"哥本哈根诠释"并非是一个完整的思想体系，而狄拉克更是指出："我认为也许结果最终会证明爱因斯坦是正确的。"

物理学家们对物理世界的认识图景什么时候才能达成一致，宏伟的物理学大厦什么时候才能建成呢？这仍然是一个悬而未决的问题。但正是这样的未知与挑战，推动着科学家们不断前行，去探索自然界的奥秘。

见此图标 微信扫码

发现万"物"之律
追寻真"理"之光

参考文献

[1] 潘永祥,王锦艺,金尚年.物理学简史[M].武汉:湖北教育出版社,1990.

[2] 张瑞琨.近代自然科学史概论:上册[M].上海:华东师范大学出版社,1986.

[3] 张瑞琨.近代自然科学史概论:中册[M].上海:华东师范大学出版社,1988.

[4] 张瑞琨.近代自然科学史概论:下册[M].上海:华东师范大学出版社,1989.

[5] 国家教委政治思想教育司.自然辩证法概论[M].北京:高等教育出版社,1989.

[6] 埃米里奥·赛格雷.从落体到无线电波:经典物理学家和他们的发现[M].陈以鸿,周奇,陆福全,等译.上海:上海科学技术文献出版社,1990.

[7] 艾米里奥·塞格莱.物理名人和物理发现[M].刘祖慰,译.上海:知识出版社,1986.

[8] 阿伯拉罕·派依斯."上帝难以捉摸……":爱因斯坦的科学与生活[M]方在庆,李勇,等译.广州:广东教育出版社,1998.

[9] 亚伯拉罕·派斯.爱因斯坦传:全二册[M].方在庆,李勇,等译.北京:商务印书馆,2004.

[10] P.罗伯森.玻尔研究所的早年岁月:1921—1930[M].杨福家,卓益忠,曾谨言,译.北京:科学出版社,1985.

[11] 张新定.量子科技[M].广州:广东教育出版社,2021.

[12] 王福山.近代物理学史研究[M].上海:复旦大学出版社,1983.

[13] 申先甲,林可济.科学悖论集[M].长沙:湖南科学技术出版社,1999.

[14] 曾谨言.量子力学:卷Ⅰ[M].北京:科学出版社,2019.

[15] 杨建邺.天才物理学家的失误[M].武汉:湖北教育出版社,2013.

[16] 汪振东.从零开始读懂物理学[M].北京:北京大学出版社,2022.

[17] 陈志成.核能史话[M].北京:原子能出版社,

1987.

[18] 赵凯华,罗蔚茵.新概念物理教程:量子物理(第二版)[M].北京:高等教育出版社,2007.

[19] 赵凯华,陈熙谋.新概念物理教程:电磁学(第三版)[M].北京:高等教育出版社,2023.

[20]《简明物理辞典》编写组.简明物理辞典[M].武汉:湖北人民出版社,1983.

[21] 王希明.中学自然科学名人词典[M].北京:知识出版社,1988.

[22] 肖尚征,刘佳寿.从古代物理到现代物理[M].成都:四川教育出版社,1987.

[23] 伽利略.关于托勒密和哥白尼两大世界体系的对话[M].周煦良,等译.北京:北京大学出版社,2006.

[24] 弗·卡约里.物理学史[M].戴念祖,译.呼和浩特:内蒙古人民出版社,1981.

[25] 胡镜寰,王忠烈,刘玉华.原子物理学[M].北京:北京师范大学出版社,1989.

[26] 郭奕玲,沈慧君.物理学家的足迹[M].长沙:湖南教育出版社,1994.